发展核心素养的英语课堂
教学任务研究与实践

朱 彦 著

上海教育出版社

图书在版编目(CIP)数据

发展核心素养的英语课堂教学任务研究与实践 / 朱彦著. -- 上海:上海教育出版社,2024.8. -- ISBN 978 - 7 - 5720 - 3065 - 9

Ⅰ. G633.412

中国国家版本馆 CIP 数据核字第 2024XG0721 号

责任编辑　谈潇潇
封面设计　朱博韡

发展核心素养的英语课堂教学任务研究与实践
朱　彦　著

出版发行　上海教育出版社有限公司
官　　网　www.seph.com.cn
地　　址　上海市闵行区号景路 159 弄 C 座
邮　　编　201101
印　　刷　上海展强印刷有限公司
开　　本　787×1092　1/16　印张 10.5
字　　数　235 千字
版　　次　2024 年 8 月第 1 版
印　　次　2024 年 8 月第 1 次印刷
书　　号　ISBN 978-7-5720-3065-9/G·2728
定　　价　65.00 元

如发现质量问题,请向本社调换　电话 021 - 64373213

朱彦的专著《发展核心素养的英语课堂教学任务研究与实践》写作历时约三年,其中所记载的各类教学探索实践跨越了十年多的时间。我为作者脚踏实地、孜孜以求的进取精神和韧性点赞。作为这些教学探索实践项目的亲历者和见证者,我深感欣慰。

作者深入探讨了当前教育环境下英语课程标准的转变,以及在教学实践中贯彻发展核心素养的要求。作者以"课堂教学任务"为核心构念(construct),结合应用语言学、心理学和认知科学理论的最新发展,参考外语教育实证研究的最新成果,系统梳理了课堂教学任务对发展学生核心素养的重要性,并通过与教师和教研员合作,深入一线教学实践,开展任务设计、实施和评价,积累了大量的课堂教学任务设计案例,为外语教学研究者和实践者提供了宝贵的参考资源。

作者从理论探索、教学研究到应用实践,全面而深入地阐释了课堂教学任务与发展学生核心素养之间的内在联系。作者强调,精心设计和实施英语课堂教学任务,有助于培养学生适应未来社会发展的必备品格和关键能力。同时,本书立足于中国外语教学的特殊性,提倡教师教育模式的创新,强调应加强高等教育和基础教育的对话和融合,通过合作式教师教育提升中小学英语教师的专业素养和教学能力。

作者提出的学术观点和实践成果具有重要价值。本书中整理的任务设计案例能为教材编写和教师教学实践提供有益的指导,本书作者及其团队在任务设计实践和教师教育模式上的探索和创新将为国内外教育领域提供宝贵参考。值得一提的是,在发展学生核心素养的目标指引下,本书中提到的高校科研人员与教育实践者的深入交流、充分互动,理论发展指导实践创新,实践创新反哺理论发展,充分彰显了研究者与实践者双向奔赴、相互成就的积极效应。

　　道阻且长,行则将至,行而不辍,未来可期。希望这本书能够为外语教学领域的研究者、教育工作者和决策者提供启发,促进外语教学质量的持续提升。祝贺朱彦及其团队!希望本书能够得到广泛关注,书中提出的观点和建议能够真正推动外语教育的高质量发展!

束定芳

2024 年 3 月

前　言

　　教育部先后颁布《普通高中英语课程标准(2017 年版 2020 年修订)》和《义务教育英语课程标准(2022 年版)》,其中最重要的转变体现在课程目标从"三维目标"发展到"核心素养"。在英语课堂教学中应该如何贯彻和落实发展核心素养的要求? 这是摆在外语教学理论研究者和实践工作者面前的一个关键问题。

　　国内外推行课程改革的经验均启示着我们,课程理念落实到教学实践离不开教师素养的提升,离不开教材质量的进步,更离不开专业智慧的引领。教育部 2023 年公布的教育统计数据[1]显示,我国义务教育阶段在校学生人数约 1.59 亿,约为高等教育阶段在校学生总数的 15 倍;义务教育阶段专任教师人数约 1 073.94 万人,约为高等教育阶段教师总数的 5.18 倍。新教改所承载的巨大群体需求呼唤着高校英语教学理论工作者走出象牙塔,与中小学一线教师合作对话、携手共进,将英语学科核心素养转变为有效课堂教学实践。

　　本书以交际法教学体系中的核心构念"任务"为切入点,全面梳理其理论本质和实证理据,明确英语课堂教学任务对于发展学生学科核心素养的重要理论价值。同时,通过作者和中小学一线教师的深度合作,设计、实施和评价课堂教学任务,形成供外语教学研究者和实践者探究和实施课堂教学任务的案头参考资源集,旨在为落实义务教育阶段英语课程标准的相关要求、修订和开发教材,及教师教育等工作提供决策参考。

　　本书主要包括三方面内容:理论探索、应用实践和教学研究。

　　"理论探索"部分集中在第一至三章。第一章从文献"任务"的定义入

1　数据来源:"2023 年全国教育事业发展基本情况"(教育部发展规划司)。

手,结合发展核心素养的课程要求,提出在中国英语课堂环境下界定课堂教学任务的四个标准:真实交际、目标导向、语言体验和积极认知。同时,课题组通过深入梳理和评析国际上开展任务型教学的四类主流模式,即Prabhu 模式、Estaire & Zanón 模式、Willis & Willis 模式和 Mike Long 模式,总结基于课堂教学任务的三类教学模式,即任务型教学、任务参照型教学和任务支持型教学。

"理论探索"部分的第二章首先聚焦课堂教学任务的应用语言学理论基础,包括聚焦形式、聚焦意义和在意义交流中关注形式这三大流派的观点;随后从显性知识和隐性知识及其相互关系的角度梳理课堂教学任务的心理学理论基础;之后着眼输入加工理论、技能习得理论、迁移恰当加工理论、隐性学习和显性学习、演绎学习和归纳学习、附带学习和刻意学习、丰富型输入和增强型输入这七个理论视角,结合大量实证研究案例,探究课堂教学任务的学习理论的基础。

"理论探索"部分的第三章在课程大纲视阈下展开论述,按照历史演进的脉络系统梳理结构大纲、意念大纲、词汇大纲和基于任务的大纲这四类课程大纲的特点,从核心素养目标出发提出发展核心素养的英语课程大单元设计的六个原则,包括:(1)育人价值有机渗透;(2)目标评价一体设计;(3)真实任务层层推进;(4)策略支撑全程伴随;(5)优质语篇丰富输入;(6)智慧技术赋能教学。

"应用实践"部分的相关内容呈现在本书的第四章至第六章。第四章从九个任务分类维度入手,基于课题组在教师培训、教材编写等工作中的实践经验,遴选 33 个课堂教学任务设计范例,包括可操作化的教学流程和任务解读,深入浅出地阐释每类课堂教学任务的设计和实施要领。第五章聚焦任务在教学评价中的应用,分别介绍任务应用于评价和测试两方面场景的具体案例。第六章聚焦信息技术和人工智能技术在任务设计和实施中的运用,分别从听力、口语、阅读和写作这四个方面展开介绍。

"教学研究"部分在第七章。作者结合课堂教学任务研究的案例,分别介绍了描述性研究、实验研究、行动研究和探索性实践的特征,指导教师根据研究问题利用合适的研究方法开展课堂教学研究。

本书主要阐述以下三方面观点:

第一,课堂教学任务的本质特征与英语课程核心素养的内涵要求具有内在一致性。课堂教学任务的设计和实施立足真实交际、明确目标导向、强调语言体验、调动积极认知,与核心素养中的语言能力、文化意识、思维品质和学习能力等四个方面高度契合。在课堂教学层面上落实新课标要求应加强教师对交际型任务设计和实施能力的培养。

第二,中国环境下的外语教学有其自身的特点,不能照搬照抄国外的模式。应当把课堂教学任务作为独立的研究和实践构念从任务型教学法中剥离出来,将研究重点指向教师对任务本身的理解和实施,在基于实证依据的教师教育模式中,赋予教师更大的自主权,让教师根据自身对教学目标和学情的判断,根据对前期教学实践的反思决定如何使用任务。

第三,合作式教师教育模式对于提升教师设计、实施和评价课堂教学任务的素养具有积极作用。高校研究人员和基础教育一线教师的合作式、协商式教师教育项目立足教师的课堂教学实际,注重收集实证数据供教师开展反思性实践,注重为教师提供全过程、可持续的指导,是传统的自上而下模式(如国培项目)或自下而上模式(如学校教研组自发组织的学习项目)的有益补充,也是传统的基于经验反馈的教师教育模式(如专家评课)的有益补充。

本书的学术价值体现在:通过系统梳理课堂教学任务和英语课程核心素养的研究成果,凝练课堂教学任务的学科育人价值,具有一定的理论指导意义。

本书的应用价值体现在:课堂教学任务设计案例、教学评价案例和智慧化赋能任务设计案例为教材编写者、一线教师、教研员等有关方面人员落实新课程标准的相关要求提供重要支撑,有效解决一线教师教学过程中教学资源匮乏的问题。

朱 彦
2024 年 3 月

目 录

第一章 任务和任务型教学

1.1 任务的定义

在外语教学领域,"任务"大概是被定义得最多的概念之一。国内外不同的学者对"任务"的定义不尽一致。按照这些定义提出的时间排列,比较有影响力的定义包括 Long (1985)、Prabhu(1987)、Breen(1987)、Willis(1990)、Skehan(1996)、程晓堂(2004)、龚亚夫和罗少茜(2006)、Van den Branden(2006)、Samuda 和 Bygate(2008)以及 Ellis 和 Shintani(2013)。事实上,不同学者对"任务"这一概念的阐释是不一样的。从以下引文中我们可以看到,不同的学者对"任务"的定义折射出其对语言教学的理解与认识。同时,随着时间的推移,国内外学术界对语言教学及其规律的认识不断加深,国内外学术界对"任务"的定义也在不断变化。

表 1.1 文献中对"任务"的定义

Long(1985)	任务是为自己或他人,免费或为获取某种回报而承担的工作。因此,任务可以是给栅栏刷漆、给小孩穿衣服、填表格、买鞋子、预订航班、从图书馆借书、考驾照、打字信件、给病人量体重、分类信件、接受酒店预订、写支票、在街上找目的地、帮人过马路。换句话说,任务就是一个人每日生活、工作、闲暇时会做的 101 件事。任务就是即便一个人不是应用语言学家,如果你去问,他会告诉你他正在做的事。
Prabhu(1987)	任务是需要学习者实现某种目的的活动。该活动需要学习者根据给定的信息进行思考,同时,任务允许老师控制和调节学生的思考过程。
Breen(1987)	任务是一个结构化的计划,制订该计划是为了给学生提供机会,以帮助其增进对新语言及其使用该语言进行交流的知识和技能。任务可以是简短的实践练习,也可以是更加复杂的、需要自然意义交流的活动计划。
Willis (1990:127)	所谓任务,就是这个活动涉及语言的使用,但是其重点在于活动的结果而非为达成结果而使用的语言。
Skehan (1996)	作为"任务"的活动具有四个特征:以意义为主导;与真实世界具有某种关系;优先任务的达成;以任务达成度来评价任务表现。

程晓堂 (2004:33)	任务是类似现实中语言使用情况的语言学习方式。任务往往有一个明确的目标。也就是说,学生完成任务之后会得出一个明确的结果或产品。此外,学生在执行任务的过程中,其注意力主要集中在如何解决问题上,而不是在使用哪些语言形式上。当然,学习毕竟是学习,语言学习中的任务不可能是真正的语言实践活动。
龚亚夫、罗少茜 (2006:53)	任务是人们在日常生活、工作、娱乐活动中所从事的各种各样有目的的活动。任务型语言教学的核心思想是要模拟人们在社会、学校生活中运用语言所从事的各类活动,把语言教学与学习者在今后日常生活中的语言应用结合起来。任务型语言教学把人们在社会生活中所做的事情细分为若干非常具体的"任务",并把培养学生具备完成这些任务的能力作为教学目标。在教学过程中,任务也包括各种增加语言知识和发展语言技能的练习活动。
Van den Branden (2006:4)	任务是人们为达到某个目标所进行的活动,而且进行该活动必须使用语言。
Samuda & Bygate (2008:7)	教学活动分为两类：整体性活动(holistic activity)和分析性活动(analytical activity)。前者是指该活动需要学生用到语音、语法、词汇和语篇等语言知识来表达意义。与整体性活动有所不同的是,在分析性活动中语音、语法、词汇和语篇知识是分开教学的而不是整体使用的。学习者在整体性活动中需要像正常使用语言一样,综合运用各方面的语言知识。母语的学习绝大多数是通过整体性活动实现的,因此整体性活动应该在外语教学和测试中发挥应有的作用。
Ellis & Shintani (2013:135-136)	能够被称为"任务"的课堂活动应当：(1)聚焦于意义(也就是说学习者应当主要关注信息的表达和理解,而不是着眼于语言点);(2)包括某种"差"(也就是说学习者在参与该活动的过程中需要传达信息、表达观点或者推断意义);(3)学习者应当主要依靠自身的(语言和非语言)资源。也就是说,尽管学生也许能从任务给予的输入中"借用"语言,但是他们完成任务所需的语言不是被"教会"的;(4)具有明确的语言使用之外的目标成果(也就是说语言是取得该成果的手段而非目的)。因此,当学习者完成某个任务的时候,他们主要关注的不是正确地使用语言,而是达到任务所规定的目标。

综合以上这些定义我们可以发现,对于教学活动是否可以界定为"任务",应该关注四个方面：

(1)真实交际：交际情境的真实性和交际目标的真实性。

(2)目标导向：用语言只是手段,使用语言所做的事情才是目的。

(3)语言体验：在使用语言的过程中感知和体验语言,隐性习得语言。

(4)积极认知：完成任务的过程伴随着主动思考和积极认知。

1.2　任务在语言教学大纲中的作用

Skehan(1996：40)提出基于任务的教学分为强化模式和弱化模式,其中主张强化模式的观点认为任务应该是语言教学的单位,而主张弱化模式的观点认为任务是语言教学中的重要部分,但是应该将其嵌入复杂的教学环境中。

Samuda 和 Bygate(2008)根据任务在教学大纲中的角色和作用将使用任务的教学方法分为三类:任务型教学(task-based learning and teaching)、任务参照型教学(task-referenced learning and teaching)和任务支持型教学(task-supported learning and teaching)。三类教学方法的具体特征如下表(Samuda & Bygate 2008：58-60)所示。

表 1.2　三类使用任务的教学方法

任务型教学	任务参照型教学	任务支持型教学
● 按照学习者的具体现实需求制定基于任务的教学大纲,任务是教学的核心单位。 ● 任务在语言习得的过程中发挥关键作用。 ● 任务能复制或模拟真实世界的活动。 ● 根据任务表现来评估教学效果。	● 以任务设定课程目标,根据任务表现和达成度来评估教学效果。 ● 教师采用合适的教学方式来帮助学习者达到课程要求。	● 任务在教学过程中是重要的,但不是唯一要素。 ● 综合运用任务和其他不同教学方法。 ● 任务是教学大纲中的要素之一,但不一定是决定性的要素。 ● 任务可能被用来评估教学效果,但不一定是决定性的要素。

以上三类教学方法的区别主要体现在任务在教学大纲中的地位和作用。这三类教学方法并无优劣之分,"任务"本身是中性的,教师应当根据课程目标和实际条件选择合适的任务教学方法。正如 Kumaravadivelu(1994,2001)提出的"后方法"理念,在交际法教学的原则之下,教师不应该寄希望于或者拘泥于某一套固定的方法,而应当学会确定目标、整合资源、调整内容、设计活动、科学评价,走出个性化的、行之有效的教学之路。

1.3　任务型教学的几种模式

关于任务型教学(task-based language teaching,TBLT),学界提出了不同的教学模式,其中比较典型的模式包括 Prabhu 模式(Prabhu 1987)、Estaire & Zanón 模式(Estaire & Zanón 1994)、Willis & Willis 模式(Willis & Willis 2007)和 Mike Long 模式(Long 2014)。以下结合具体教学示例来介绍这四种教学模式。

1.3.1　Prabhu 模式

任务型语言教学的 Prabhu 模式由班加罗尔项目(Bangalore Project)的主持人 N. S. Prabhu 提出并在南印度班加罗尔和马德拉斯地区的中小学实施,该项目旨在培养学生的语言交际能力。在这个项目中,语言能力主要被视为能够自然遵循语法规则的能力,交际能力被视为理解、形成和传达意义的能力。班加罗尔项目的重点在于培养学生的交际能力(communicative competence),该项目假设培养这种能力的关键在于设计和实施任务型的课程。

Prabhu 模式的任务型课堂包括前任务和任务两个阶段。前任务(pre-task)是教师主导的,班级整体的活动;任务(task)是由学生独立完成的活动。在前任务阶段,教师能够知晓学生的困难并提供对应的帮助,包括帮助学生理解活动的目的、分析遇到的问题,以及示范如何完成任务。同时这个阶段也能够帮助教师评估任务的难度。

■ **教学示例: 列车时刻表(Prabhu 1987: 31-33)**

I. Preliminary pre-task:教师在黑板上写上"0600 hours＝6 am",请学生猜 24 小时计时制时间 0630、0915、1000、1145、1200、1300、2300、0000、0115 和 0430 所代表的 12 小时计时制时间。除了个别计算较难的题,学生基本上都能正确作答。

II. Preliminary task:教师在黑板上写 8 个 24 小时计时制时间,学生在自己的笔记本上写下对应的 12 小时计时制时间,之后教师在黑板上写出答案,学生相互批改。教师检测学生完成情况,得知几乎一半的学生能够答对 5 题以上。

III. Pre-task:教师在黑板上写下以下信息。

表 1.3　列车时刻表 1

	Madras	Katpadi	Jolarpet	Bangalore
Brindavan	Dep. 0725	Arr. 0915	Arr. 1028	Arr. 1330
Express		Dep. 0920	Dep. 1030	

针对以下问题展开讨论:

(1) When does the Brindavan Express leave Madras/arrive at Bangalore?

(2) When does it arrive at Katpadi/leave Jolarpet?

(3) For how long does it stop at Jolarpet?

(4) How long does it take to go from Madras to Katpadi/Jolarpet to Bangalore?

(5) How many stations does it stop at on the way?

IV. Task:教师下发以下任务单。教师根据对学生难点的预测口头提问,问题的设置基于本时间表与 pre-task 环节的时间表的不同之处,比如"Is this a day train or a night train?",以及学生计算中会遇到的困难,比如"For how long does the train stop at Jolarpet?",然后由学生来完成任务。

表 1.4　列车时刻表 2

	Madras	Arkonam	Katpadi	Jolarpet	Kolar	Bangalore
Bangalore	Dep. 2140	Arr. 2250	Arr. 0005	Arr. 0155	Arr. 0340	Arr. 1330
Mail		Dep. 2305	Dep. 0015	Dep. 0210	Dep. 0350	

(1) When does the Bangalore Mail leave Madras?

(2) When does it arrive at Bangalore?

(3) For how long does it stop at Arkonam?

(4) At what time does it reach Katpadi?

(5) At what time does it leave Jolarpet?

(6) How long does it take to go from Madras to Arkonam?

(7) How long does it take to go from Kolar to Bangalore?

随后的一个任务涉及填写火车预订单,该表单需要填写的细节信息包括车次、旅行日期、旅客年龄、车厢等级、座位类别(坐票或卧铺票)等。这份表单不是直接发给学生,而是以外地朋友或者亲戚来信求助订票的形式给学生的。

1.3.2　Estaire & Zanón 模式

Estaire 和 Zanón(1994: 76)从教师培训的目的着手,提出 6 个阶段的主题式任务型教学单元(thematic task-based units of work)设计框架。在此框架中,"单元"是指"为帮助学生用英语做新的事情所设计的一系列相互关联的任务"。Estaire 和 Zanón(1994: 15)将任务分为交际任务(communication tasks)和赋能任务(enabling tasks),教学对象为中低水平学生。其中交际任务的定义与 Breen、Candlin、Nunan 和 Long 提出的定义一致。赋能任务指显性的语言学习体验,起到支撑交际任务的作用,其目的是"为学生提供完成交际任务所需的语言工具,尽管赋能任务可以尽可能地有意义,但是其重心应该在语言(语法、词汇、语音、功能、语篇)而非意义"。

教学示例:发明和著名人物的历史(Estaire & Zanón 1994: 53 - 55)

第一阶段:确定单元主题为 History of inventions and lives of famous people

第二阶段:确定单元最终任务

在结束本单元学习时,学生能够完成以下 3 个任务:

(1) 将班级学生分为三人小组,一半的小组选择一项发明,例如汽车、太空旅行、电影院、摄影、电视等,收集信息介绍它的历史。另一半的小组选择一位已经过世的名人,收集信息介绍他或她的一生。

(2) 学生在班级内分享写下来的信息。教师可采用以下两种方法让学生分享:

- 在大于 30 人的班级里,选取个别小组以做口头报告的形式分享信息,其余的报告以默读的形式分享;

● 在小规模的班级里,全部以口头报告的形式分享信息。

学生记录听到或读到的重要信息并检查信息的准确性,学生的笔记将被用于下一步活动。

(3) 学生根据笔记写出约 10 个有关发明或者名人的问题,用于设计一个小测试。

(4) 在小组间或小组内开展小测试。

第三阶段:确定单元目标

(1) 单元总交际目标:

在本单元的学习中,学生完成以下任务的必备能力和知识将有所提升:

● 为介绍某项发明或者某位名人写一段话;

● 听相关主题的口头报告或者阅读书面报告,从中提取关键信息;

● 采用从口头报告或书面报告中获取的信息写一组关于单元主题的测试问题;

● 回答关于单元主题的测试问题。

(2) 单元具体语言目标:

在本单元的学习中,为了达到单元总交际目标,学生将学习掌握对应的语言知识。

第四阶段:确定单元内容

(1) 主题内容:

● Inventions:

▲ Inventor(s) and other people involved;

▲ Important dates and places;

▲ Characteristics and process/Development of invention.

● Famous people:

▲ Why famous;

▲ Personal details: dates, family, characteristics ...

(2) 语言内容:

● Past simple: active and passive;

● Question forms in the past:

▲ Subject questions with *Who/Which/What*＋verb ...?

▲ Questions with *Wh-*＋*did*＋subject＋infinitive ...?

● *By*＋agent;

● Time markers (with special emphasis on those that help to establish chronological order in text);

● Specific vocabulary related to inventions and people referred to in the unit;

● Years(e.g. 1624, 322 BC).

第五阶段:规划教学过程

(1) 根据教材中的内容安排教学,或者对其进行简单的调整。

(2) 学习教材最后的语法复习部分。

(3) 考虑增加以下教学内容:

● 基于阅读文本的任务:

　　▲ 找出阅读文本中使用了被动语态的地方；

　　▲ 找出阅读文本中使用了时间标记的地方。

● 基于第四阶段确定的语言内容设计任务。

● 关于发明或者名人的补充材料(如音视频等)。

第六阶段：设计评估工具和步骤

(1) 学生实施的评估：采用教材中的1—2个表格开展评估，可根据实际情况略作修改。

(2) 教师实施的评估：

● 参照评估标准，实施贯穿整个单元的持续性评估，包括终结任务。

● 如果需要开展正式测试，可采用以下建议作为对终结任务的补充：

　　▲ 教师录一段关于名人或者发明的视频或者音频，学生完成任务以检测其是否理解其中的要点；

　　▲ 教师准备一段关于名人或者发明的书面文本，学生完成任务以检测其是否理解其中的要点；

　　▲ 针对第四阶段的语言内容准备一两道语法或词汇题来检测学习效果。

1.3.3　Willis & Willis 模式

　　Willis & Willis 的任务型教学模式(González-Lloret 2015：4)分为三个阶段：任务前阶段(pre-task phase)、任务链阶段(task cycle)和语言聚焦阶段(language focus phase)。

　　任务前阶段用于介绍话题和任务。这个阶段一般采用教师主导的教学模式，由教师引出话题、呈现任务、明确指令并强调对完成任务较为重要的单词和短语。教师在这个阶段甚至可以亲自演示或者播放相似任务的录音来示范如何完成任务。

　　任务链阶段包括任务、任务准备和任务汇报三个环节。任务环节旨在提升学生的语言熟练度，因此教师的角色相对被动，更多是担负课堂管理的职责，如控制时间、组织小组活动、鼓励学生参与等。这个环节教师应当避免干预学生的小组合作，学生应当大胆使用英语交流，不怕出错。在任务准备环节，学生预备将小组活动或结对子活动的成果进行全班展示。这个环节旨在提升学生的语言准确度，因为学生要为公众演说做准备。接下来，在第三个环节中学生向全班同学报告，或者交换书面报告相互比较。这个阶段教师担任主持人并对学生的报告进行总结。

　　最后一个阶段是语言聚焦，采取语言分析和语言操练相结合的形式。语言分析通过意识提升(或唤起)活动(consciousness-raising activities)来完成，例如讨论文本的语言特征。教师解释重要的语言规律和特征，并引导学生注意语言形式。最后，全班同学一起做语言练习，如关于词汇、短语、句式等的口头或书面训练。

教学示例：地震求生(Willis & Willis 2007：235–237)

教师：Yvonne Beaudry

授课对象和场景：学习动力较强的成年学生，中低级英语水平，私立语言学校

主题：地震(也可以按照其他自然灾害改编)

背景：这是一个三课时单元的第三课时,由几位教师在不同的班级进行教学。前两课时主要内容为精读、新闻听力和词汇学习。

任务流程：

(1) 全班同学讨论自然灾害,通过头脑风暴给出相关词汇(洪水、野火、里氏规模、避难所等),并分享个人经历。(10—15分钟)

(2) 小组讨论地震预防和求生,并将讨论结果填至"地震求生"任务表(表1.5)。该表按照"震前""震中"和"震后"三个阶段分为三列,单元格中只需要填写要点。(20分钟)

表1.5 "地震求生"任务表

	Before an earthquake	During an earthquake	After an earthquake
You and your group			
Pamphlets and other groups			

(3) 教师分发来自红十字会和其他组织的宣传册。不同的小组收到的宣传册中含有不同阶段的信息。学生将他们填好的"地震求生"任务表中的信息与宣传册中的信息进行比较,决定表中哪些信息需要改正。(20—30分钟)

(4) 教师带学生复习一些指引方向的短语,学生结伴练习,蒙上眼睛寻找紧急出口。在时间较长的课上,这是一个不错的"任务休整"。而且该活动很实用,因为地震时如停电会看不清道路。(10分钟)

(5) 信息整合任务：小组间分享信息,完善自己的"地震求生"任务表。(30分钟)

(6) 后续环节：列出地震救生包中的物品(15分钟);阅读有关地震的社会故事。

任务评价：

学生反馈用英语完成任务能够让他们关注到某个用母语交流时容易忽视的重要事项,寻找紧急出口的任务是一个亮点。

教学建议：

(1) 热身和头脑风暴环节可以讨论以下问题：

- 自然灾害是什么?(飓风、龙卷风、地震、海啸、蝗灾、雪崩、洪水、火山、山崩、野火)
- 你经历过自然灾害吗?
- 世界上最大的地震是哪次?
- 在过去十年中,世界上发生过哪些大地震?
- 什么是里氏震级?

(2) 小组讨论环节可以讨论以下问题：

- 你在学校学了哪些关于地震安全的知识?
- 你是否参加过防震演练?
- 离你的家(或工作地、学校、机构)最近的避难所在哪里?

- 我们所在的这个建筑物的紧急出口在哪里？如果断电了，又有烟雾，你能从这个房间到达紧急出口吗？如果闭着眼睛，你能找到紧急出口吗？
- 如果你在家中、大楼的高楼层、地铁站、大街上，或者在汽车里，地震来临时最安全的地方或位置是哪里？

（3）信息分享环节可以考虑以下设计：

① 分发"地震求生"任务表，让学生组成小组，在表格的第一行处填写信息。"震前"这一列填入日常防范地震的准备。"震后"指地震发生后最多一周内。"震中"这一列可以填入任何学生能够想到的场景。

② 进行简短的全班讨论。

③ 分发《地震安全信息表》（来自于官方发布的地震求生指南），让不同的学生或小组阅读不同的部分并交流信息。高阶的班级可阅读另外一份补充材料。

④ 让学生在"地震求生"任务表的第二行添加信息。鼓励学生思考是否有可以进行删除或修改的地方。例如，一些人认为头盔在地震中必不可少，但大多数人却认为头盔毫无意义，因为当你拿到头盔的时候其实已经不需要它了。

⑤ 让学生列出地震救生包里应该有哪些物品（可根据学生自己的需求填写，如尿布、药品、双语字典等）。分发《地震求生包信息表》，让学生讨论以下问题：是否想到信息表中的物品？信息表中的所有物品都必不可少吗？哪些物品适合住在独栋房子里的人？哪些物品适合住在公寓里的人？

⑥ 也可以和学生讨论有关地震的故事或者有关地震的感受，视班级情况而定。

家庭作业建议：

（1）续写地震故事。

（2）收集大地震幸存者的故事，用自己的话复述。

词汇学习建议：

鼓励学生继续使用他们的词汇笔记本。

1.3.4　Mike Long 模式

Mike Long(2014)提出的任务型教学模式包括 7 个方面：(1) 开展需求分析；(2) 任务选择和排序；(3) 分析目标话语；(4) 设计任务型教学大纲；(5) 开发任务型教学材料；(6) 实施教学；(7) 教学评价和课程评估。

表 1.6　Mike Long 模式的任务型教学大纲设计步骤

步骤	示例
需求分析	航空公司的乘务员
确定目标任务 ↓ （进行抽象分类）	（1）供应早餐、午餐、晚餐、饮料、小吃…… （2）检查救生衣、氧气瓶、安全带…… （3）检查头顶行李架，座位下的行李，乘客是否在指定座位上坐好……

续　表

步骤	示例
确定目标任务类别 ↓ （提炼）	(1) 提供食物和饮料 (2) 检查安全设备 (3) 做好起飞准备
设计教学任务 ↓ （分类和排序） ↓ 任务大纲	（以第一个目标任务类别"提供食物和饮料"为例） (1a) 在两种食物中做出选择（录音提示＋图片选择） (1b) 在多种食物中确定选择（录音提示＋图片选择） (1c) 录音中播放有关食物的选择，对图片中所没有的食物作出回应（录音提示＋图片选择） (1d) 角色扮演 …… (1n) 出口任务(exit task)：口头向乘客展示所能提供的食物，并正确辨别出乘客对有关食物的选择，为乘客提供食物。

■ 教学示例：问路和指路(Long 2014：270－273)

设计理念：

这个单元的目标任务(target task)是获取并遵循街道方向指示语。

该模块由七个教学任务(pedagogical task 1－7，以下简称 PT1－7)组成，目的是让学生能够用英语礼貌地提出问路要求，并理解有关如何前往目的地的方向指示语。PT1－3均是以教师为主导的、整个班级一起完成的任务，目的是让学生们先大量接触到有关用英语指路的对话，加深对指路语的理解，能够根据指路语找到对应的路线。PT4 在前 3 个教学任务的基础上，加入了语言产出(production)部分，以小组合作的形式，让学生不仅能够理解指路语，也能学会如何用英语来给他人指路。PT5－6 逐步增加了地图的难度(使用真实城市的三维地图)和指路语的难度，逐步接近目标任务的难度。PT7 提供了尽可能接近目标任务并能够在大多数课堂中实现的练习，所以可以作为出口任务(exit task)。

教学任务一（PT1）：The real thing

教师给学生播放三段录音对话(播放两遍)，这三段对话都是以英语为母语的人指路的真实例子，让学生仔细听这三段对话，通过此任务知道如何向行人问路，并理解有关描述前往目的地的方向指示语。

教学任务二（PT2）：Fragments

教师在幻灯片上分别放映出三张简单的街道地图(每次一张)，同时，学生们看作业纸(worksheet)上的同一幅地图。然后，教师依次朗读每张地图的 20 条指路片段(street directions fragments)，每条读两遍，学生用手指在作业纸上画出这部分路线，在他们认为最终方向指向的地方停下来。接着，教师重新朗读这些指路片段，并用手在幻灯片的地图上指出这些路线。在这个过程中，学生可以检查自己所找的路线是否正确，如果不正确，可以看看是哪里出现了问题。教师依次给每张地图增加 20 条指路片段(三张地图共 60

条)的复杂性。如果学生对此类活动不熟悉,可以在开展该教学任务前先展示一两个范例。如果学生有能力,也可以让学生来扮演教师的角色。

指路片段范例(Sample items):

（1）Go straight up Main Street for two blocks，and turn right.

（2）Go to the first corner and turn left.

（3）Go to the first corner and take a right.

（4）Go down Redfern Avenue. At the second cross street，make a right.

（5）Go two blocks up Shipley. Make a right，and then take the first left. The station is on your right.

教学任务三（PT3）：Where are you now?

教学任务三和教学任务二类似,不过在教学任务三中的三张新地图更加详细复杂,增加了一些新的街道名称和一些常见的建筑物(学校、银行、博物馆等)和其他典型地标(购物中心、大学、火车站等)。同时,教师所指的方向会更复杂,涉及的距离会逐渐变长。每朗读完一个指路片段后,教师会转向一个学生问一个问题,例如:"What street are you on now?","What's the building in front of you?","If you are now facing north on Main, is the bank on your left or your right?"等。同样,如果学生有能力,可以让该学生在这个教学任务中担任教师的角色。(注:教师不应该先教学生任何可能不知道的词汇。学生可以通过完成任务来学习这些内容。)

指路片段范例(Sample items):

（1）Go two blocks on Main，and turn left. What street are you on now?

（2）Take the first right on Main. Is the school on your left or your right?

（3）Go down Main，past Shipley Road，and take the next right. What street is that?

（4）Continue on Redfern Avenue. Make a right，and then an immediate left. What building is in front of you?

（5）Go up Main，and make a left on Shipley. Keep going straight on Shipley. How many blocks to the Modern Art Museum，and is it on the left or the right?

教学任务四（PT4）：Asking the way

将学生进行分组,每四人一组,一组内两人结成一队。每一组有两张地图和两张作业纸(内容均不同),每张作业纸上有15个在PT1和PT2中出现的指路片段和15个新的指路片段。每队拿一份地图和一张作业纸。一队人朗读指路片段,而另一队人则按照说明在地图上找出对应的路线。之后,两队互换角色。

教学任务五（PT5）：Following the marked route

教师在教学任务五中使用真实的三维地图,地图描述的是英语为母语国家的城市。地图上有从不同地点出发的五条路线,这五条路线分别用不同的颜色标记了出来。学生听两个版本(A 到 B,和 B 到 A;从 C 到 D,从 D 到 C 等)的五组指路片段录音(总共 10 组),同时跟着录音观察已经在地图上标出的五种颜色的路线(加深学生对方向指示语的理解)。

教学任务六(PT6):Following the unmarked route

继续使用教学任务五中的三维地图,不过现在是每个学生一张地图,教师让学生们独立寻找正确的路线,同时使用五个新的路线录音。学生们被告知他们在 A、B、C 等地点,这些地点在地图上已经标记了出来。教师播放从某个已经在地图上标记出来的地点(A、B、C 等)通往未知目的地(未在地图上标记出来)的路线录音,学生根据录音内容用手指在地图上追踪路线。这些录音是分段的,教师每播完一个录音片段,就会用教学任务三中所使用的问题,如"What's the building in front of you?","What street are you on now?"等来检查学生的路线是否正确。学生独立完成该任务,被教师提问时要大声说出答案,并由教师或其他学生予以确认或纠正。播完整个录音后,教师会问最后一个问题,即"Where are you?"或者"What's the building we are now at?"

教学任务七(PT7):Finding your way

继续使用教学任务五和教学任务六中的三维地图,但使用五个新的路线录音。在教学任务七中,教师不再分段地播放录音,而是一次性播放完整录音。此外,教师也不用在录音播放过程中设置问题来检查学生每部分的路线是否正确,而是播放完整的录音后直接检查学生是否顺利到达目的地。为确保学生找到了正确的位置,教师可以问"What's the building next door/across the street?"这类的问题。

教学任务八(PT8:exit task):Virtual reality map task (or street performance)

可以利用 VR 视频的形式来模拟真实的指路场景,播放视频中的地图路线和指路对话音频,来完成对目标任务的模拟(如果没有教学任务八的资源,教学任务七也可以作为出口任务)。

1.4   结语

本章系统地梳理了任务的定义,并提炼出任务类活动的四个基本特征,即真实交际、目标导向、语言体验和积极认知。同时,本章汇总了三类使用任务的教学模式:任务型教学、任务参照型教学和任务支持型教学,以及国际上比较有影响力的四种任务型教学模式:Prabhu 模式、Estaire & Zanón 模式、Willis & Willis 模式和 Mike Long 模式。这些系统的梳理可以帮助我们反思两个关键问题:一是在教材和课堂活动设计中如何把握任务型活动的基本特征,确保外语课堂以真实性交际为主导;二是在单元教学内容的设计上,注重把握任务型活动和其他类别活动的科学组合,意义优先,兼顾形式,确保语言课堂教学的有效性。

第二章　任务的理论基础

2.1　应用语言学理论基础

二语习得（second language acquisition，SLA）领域对语言习得规律的认识可大致分为三个阶段：聚焦形式（focus on forms，FonFs）、聚焦意义（focus on meaning，FonM），以及在意义交流中关注形式[1]（focus on form，FonF）。

2.1.1　聚焦形式

聚焦形式就是将语言细分为不同要素，如词汇、语法、概念、功能等，采用线性化的、累进式的方法逐项进行教学（Long 1991，1996）。我们经常提及的传统教学模式，例如线性化的教学大纲、以语言项目为框架编写的教材、以语言项目的讲解和操练为主的课堂教学模式，均属于聚焦形式的教学路子。这一派别的语言习得观起源于上世纪 50 年代末，受到行为主义学习理论（behaviorist learning theory）的影响，普遍认为学习第二语言的关键在于习惯的养成（Skinner，1957）。此外，聚焦形式的教学方式也受到技能习得理论（skill acquisition theory）（Anderson et al. 2004）的支撑，认为语言的习得应该包括三个步骤，即：对语言知识的显性讲解、对语言知识的操练和更加自动化的语言使用。

2.1.2　聚焦意义

聚焦意义的路子强调在基于内容的教学或者浸入式的课程中进行附带学习（incidental learning）或者隐性学习（implicit learning），学习者的重心几乎全部在意义交流上（Long 1997）。

这一派别的代表学者是 Stephen Krashen，他认为学习外语和学习母语没有本质上的区别，在自然且放松的交际中的可理解性输入（comprehensible input）才是语言习得中的"关键且必需要素（crucial and necessary ingredient）"（Krashen 1981: 9）。Krashen 曾经提出五个在二语习得领域影响十分深远的假说，分别是："习得—学习"假说（the acquisition-learning hypothesis）、监控假说（the monitor hypothesis）、输入假说（the input hypothesis）、情感过滤假说（the affective filter hypothesis）和自然顺序假说（the natural

---

[1] 主流中文学术期刊上翻译为"形式聚焦"，这个术语对一线教师来说理解比较困难，因此在本书中改为"在意义交流中关注形式"。

order hypothesis)。

Krashen 的五个假说中最基本的观点是习得和学习的差异。他认为外语表现与两个独立的系统有关,即习得系统和学习系统。Krashen 认为语言习得是下意识的过程,与儿童学习母语的过程非常相似。习得需要使用目标语言进行有意义的、自然的交流。说话人的注意力集中在其交际行为上,而不是语言本身。Krashen 认为正式的语言学习是有意识的过程,其结果是学到关于语言的外显的知识,例如语法知识。Krashen 的监控假说解释了习得和学习的关系,他认为习得系统能够启动语言表达,而学习系统在一定的条件下能够发挥计划、编辑和纠错的作用。在输入假说中,Krashen 试图解释二语习得是如何发生的。他认为如果学习者接收到略高于其语言能力的输入,其语言水平就会沿着自然顺序提升和进步。这类输入就是我们常说的"i+1",其中"i"代表学习者目前的水平,"1"代表略高出的一小级。在情感过滤假说中,Krashen 指出一系列情感变量在二语习得中发挥调节而非决定性的作用。最后,Krashen 在自然顺序假说中提出语法结构的习得具有可预测的自然顺序。

Krashen 的五个二语习得假说产生了非常深远的影响,在强调自然习得的观念影响下,许多浸入式语言课程(immersion language program)应运而生。从对国际上浸入式语言课程的评估研究来看,这一教学模式对于年幼的语言学习者效果比较显著,例如 Barik 和 Swain(1976)报告的加拿大幼儿园的法语课程,Bergström et al.(2016)报告的德国幼儿园的英语课程,Fortune 和 Tedick(2015)报告的美国幼儿园和小学的西班牙语课程,以及 Padilla et al.(2013)报告的在美国幼儿园和小学的中文课程都印证了这一点。然而也有研究表明短期的浸入式课程对提升学习者的语言准确性收效甚微(如 DeKeyser 2010)。

2.1.3　在意义交流中关注形式

在意义交流中关注形式即"在以意义或交流为重心的课堂上,学生顺带注意到偶尔出现的语言点"(Long 1991:45-46)。随着二语习得领域"认知—互动(cognitive-interactionist)"派别(例如 Long 1983,1996;Swain 1995)在实证研究上的不断深入,他们积累了越来越多的实证依据证明仅靠聚焦意义的教学无法保证成功的语言学习,据此,他们认为还应该在有意义的交流中把学习者的注意力集中到目标语言的形式上。Long 对这一路子的阐述如下:

"在意义交流中关注形式"的路子是指在各种不同的教学过程中,在语境中使学习者关注到交流中的语言问题(例如在任务型教学中,学生在完成解决问题的任务时往往会出现这种学习的机会),因而学生对语言形式的注意更加可能会与学习者的内在大纲、发展阶段和处理能力协同一致。在意义交流中关注形式的路子充分利用了外显学习与内隐学习、教学和知识之间的象征关系(Long 2014: 317)。

可以看到,"在意义交流中关注形式"这一派别的语言教学观点包括两个必备要素:"以意义交流为中心"和"附带注意语言形式"。我们在实际教学中采用的策略,如使用交际型任务,在不打断意义交流的情况下进行隐性纠错,在不影响连贯阅读的情况下对阅读文本中的语言点进行文本显示度强化处理,在不影响师生之间意义交流的情况下对教师话语增加目标语言点的出现频率等,这些都属于在意义中关注语言形式的路子。

比较有意思的是,虽然在二语习得领域"聚焦形式""聚焦意义"和"在意义交流中关注形式"这三大流派的出现时间有先后,从某种意义上说存在前后更迭的情况,至少一个流派的出现是建立在对前一个流派的批判之上寻求对语言习得规律的更深入、更准确的理解,但是回顾半个多世纪的发展,这三大流派在理论上依然在交锋中共存。更重要的是,基于这三类路子的实践形式,如课程、教材、教法等也呈现出和谐共生的状态。所以当我们在谈及交际型任务的时候,不能因为觉得它时髦,或者受到专家推崇而不加思考地去照搬或者模仿,而是应该思考它的理论依据,探讨它的适用场景,评估它的教学有效性。打个比方,如果把课程比作摆在桌上的美味佳肴,那么交际型任务就好比其中的一道菜,我们要知道为什么要做这道菜,它和其他几道菜的关系是什么,不仅要考虑怎么做出来这道菜,还要考虑如何评估吃这道菜的效果。

2.2 心理学理论基础

前一节讲到的二语习得领域的三个派别,即"聚焦形式""聚焦意义"和"在意义交流中关注形式",主要是从"形式 *vs.* 意义"的视角探求语言教学的最佳路径。从前面的讨论中我们能注意到,不同教学手段的显性程度或者直接程度也不尽相同。放在实际的课堂教学中来看,显性程度强的教学手段类似于我们常说的"敲黑板""划重点""重要的事情说三遍",而显性度弱的教学手段则强调话不说透,适当留白,启发学生探索领悟。我们都知道,传统的外语教学模式显性多于隐性,强调教师是课堂的主导,教师讲深讲透,学生勤学苦练;指向发展核心素养的外语教学模式则隐性多于显性,强调学生是课堂的主体,教师启发引导,学生探究实践。

那么显性教学和隐性教学究竟哪个更有效?事实上,这是语言教学研究领域的一个关键问题。对这个问题的回答比较复杂,涉及到影响语言教学效果的一系列因素,如目标结构的可学习性、教师话语、课堂参与模式、学习者的学习背景、年龄、动机、潜能、焦虑等。但是不管影响的因素如何复杂,从外语教学研究的角度来讲,我们还是可以在控制住变量影响的情况下考察不同显性度教学的效果。

在回答显性教学和隐性教学的有效性问题之前,我们首先需要了解一组关键概念:什么是显性语言知识,什么是隐性语言知识?同时,我们还要考虑和这一组概念密切相关的几个问题:外语学习的目标究竟是发展显性知识还是隐性知识,还是兼而有之?这两类语言知识与我们常说的语言水平(language proficiency)之间是怎样的关系?这两类语言知识与学科核心素养之间的关系是什么?事实上,这个问题不仅是语言教学领域所关心的,也是认知心理学和发展心理学的一个重要话题。

2.2.1 显性知识和隐性知识

根据 DeKeyser(2009)的定义,"显性知识(explicit knowledge)是一个人意识到的,并能有意识使用的知识"。因此,至少从原则上讲,我们能够将显性知识用语言表述出来,然而并不是每个人都具备将显性知识清晰而完整地表达出来的认知和语言能力。隐性知识（implicit knowledge）处于意识之外，因此"无法用语言表达，只能从一个人的行为来推断其是否具备隐性知识"（DeKeyser 2009：121）。

　　Ellis（2005：151）总结了区分隐性语言知识和显性语言知识的七个特征，如表2.1所示，他进而将这七个特征中的①—③点归纳为表现维度（representation dimensions），④—⑦点归纳为处理维度（procession dimensions）（Ellis 2006）。

表 2.1　区分隐性语言知识和显性语言知识的七个特征

特征	隐性语言知识	显性语言知识
① 意识	对语言规则[1]的直觉意识	对语言规则的自觉意识
② 知识类型	对语言规则和片段的程序性知识	对语言规则和片段的陈述性知识
③ 系统性	变化的、系统化的知识	不规则的、不一致的知识
④ 获取方式	通过自动化处理获取	通过控制化处理获取
⑤ 二语知识的使用	在流利的语言表现中使用	在发生规划困难时使用
⑥ 自我报告	不能用言语表达	能用言语表达
⑦ 可学习性	只在关键期有学习的可能	任何年龄均可学习

　　简而言之，显性的语言知识是学习者关于语言形式及其规则的知识，是能够有意识地使用、能够说出来、能用来监控语言产出的知识；显性语言知识的掌握和使用都需要控制化的认知处理。而隐性的语言知识是学习者对语言形式及其规则的直觉知识，是能够凭语感使用，但说不出所以然，能用来保证流利的语言表现的知识；隐性语言知识的习得和使用都在自然而然的状态下发生。例如我们经常提到的语法点、构词法、拼读规则等就是显性的语言知识，我们需要有意识地学习才能掌握和使用，我们能够借助这类知识来纠正我们语言表达中的错误，也能讲明白其中的道理，这就是显性的语言知识。同时，我们常常会遇到一种情况，就是知道该如何表达，但不知道为什么要那么说。例如我们在汉语中会讲"逛他一天南京路"，我们都知道这句话是要这样讲的，但可能说不上来这个"他"字用在这里是依据什么规则。这就是我们常说的"语感"，也就是隐性的语言知识。

　　与显性语言知识和隐性语言知识密切相关的一组概念是陈述性知识（declarative knowledge）和程序性知识（procedural knowledge）。陈述性知识是关于"是什么"的知识（knowledge THAT），能够被细分至不同的语义记忆（semantic memory），如关于概念、词汇、事实的知识，和情节记忆（episodic memory），如关于经历事件情节的知识。程序性知识是关于"如何做某事"的知识（knowledge HOW），可以是精神运动的技能（psychomotor

---

1　Ellis（2005：151）的表述为 declarative knowledge of grammatical rules and fragments。这里的"语言规则"为作者的表述。

skills），如知道如何游泳、骑自行车、打网球等，也可以是认知技能，如知道如何解方程、编程、列举动词的时态变化、阅读文本等（DeKeyser 2009：120‑121）。

根据 Ellis（2005：148）的观点，"陈述性知识本质上是显性的，百科知识化的，陈述性的语言知识包括关于抽象规则的知识以及语言片段和范例的知识；而程序性知识是高度自动化（automatization）的，当学习者对语言片段和范例的掌控增加，并且能将关于规则的陈述性知识重组为更为精致的语言产出时，这种知识便产生。"Ellis 认为陈述性知识和程序性知识这组概念是从另一个维度看显性知识与隐性知识。

2.2.2　显性知识和隐性知识的关系

2.2.2.1　界面问题

所谓界面问题，是指显性知识和隐性知识之间是相互独立的还是彼此作用的。二语习得领域对于显性知识和隐性知识之间的界面问题存在不少争议，总体而言分为三种立场：无界面（non-interface）、弱界面（weak interface）和强界面（strong interface）。

以 Krashen（1981，1982）和 Paradis（2004，2009）为代表的持无界面立场的学者认为显性知识和隐性知识之间没有相互作用的关系，显性知识对于隐性知识的习得没有辅助作用。无界面立场认为有意识的学习存在三个方面的局限：第一，有意识的学习无法完成全部的语言习得，有些没有被习得的规则是可学习的，而另外一些是无法被学习到的；第二，语言实在太复杂，以至于无法被完全显性地解释或学习；第三，通过显性学习掌握的知识无法用于真实的、自发的交际中。无界面立场的理论基础主要是 Chomsky 的普遍语法理论和神经语言学的观点（Paradis 2004）。

持弱界面立场的学者认为在特定的条件下显性知识有可能转化成隐性知识。但是不同的学者对于"特定条件"的看法不尽一致。Rod Ellis（1993）基于对经验证的二语习得顺序的认识（Pienemann 1989），认为只有在学习者处于能够接受某个语言形式的发展阶段时（developmentally ready），其显性知识才能通过操练转化成隐性知识。Nick Ellis（1994）认为显性知识可以自上而下地作用于学习者的觉察力（perception），尤其是通过突显相关的语言特征引起学习者的注意，并使其注意到输入和自己的语言能力直接的差别。第三组观点（Schmidt & Frota 1986；Sharwood Smith 1981）认为学习者能够使用他们的显性知识进行语言产出，这种产出本身也是对其隐性学习机制的自然输入。

持强界面立场的代表人物是 DeKeyser（2007），这一观点的核心理论为技能习得理论，认为语言学习与认知技能发展的普遍规律相似，包括且经历三个阶段：第一，陈述性阶段，学习者积累陈述性知识；第二，程序化阶段，学习者对所积累的陈述性知识进行程序化处理；第三，自动化阶段，学习者的程序化知识变得流利、自然、轻松。持强界面立场的学者认为成年学习者的二语习得过程基本上都是有意识的，因此学习应当始于陈述性知识。

2.2.2.2　先后问题

显性语言知识和隐性语言知识的发展有无先后之分？如果有，这两类知识的发展孰先孰后？发展心理学对儿童语言习得的研究能够为我们提供启示。

发展心理学中有一块比较重要的领域是对儿童元语言意识的研究。元语言意识

(metalingual awareness)是将语言本身作为思考的对象,反思和操控(manipulate)语言结构特征的能力(Tunmer & Herriman 1984)。那么在儿童习得母语的过程中,其元语言意识或能力是什么时候发展的,怎样发展的? 儿童母语中的显性的元语言能力发展与其隐性的语言能力发展之间是怎样的关系? 在这些问题上的研究和探讨对于二语习得和外语教学都颇有价值。根据 Chaney(1992)的综述,在这方面主要有两个理论,一个叫作"自主假说(autonomy hypothesis)",他们认为元语言意识是一种独特的语言工作机制,元语言意识的发展独立于且晚于基础语言习得(basic linguistic acquisition),但是与读写能力(literacy)同时出现。根据自主假设,学龄前儿童的语言理解和产出能力的发展早于且无须依赖于元语言意识的发展。在六七岁的时候,儿童在遇到某些任务,尤其是学习读写的任务时,其元语言能力开始发展;元语言意识与关于书面语言的知识相互作用、互相促进。而另一个叫作"互动假说(interaction hypothesis)"的理论则认为元语言技能出现得早,与其他语言习得的过程同时发生,基础语言理解与产出能力与元语言意识的发展互相作用,互相促进。互动假说基于两个重要的原则:第一,元语言意识对于学龄前的语言习得和学龄后的语言各方面发展,如读写能力的出现等,都起到重要作用;第二,儿童的元语言能力随着其语言习得阶段的不同而变化(Chaney 1992: 486)。

这两个理论的争议主要集中在两点:第一,显性的元语言意识和隐性的基础语言能力的发展是否分先后? 第二,显性的元语言意识对隐性的基础语言能力发展是否起作用? 这两个关键问题的答案对于二语习得或者外语教学有重要启示。从目前的实证研究来看,有关这两点的争议依然存在。但是大量发展心理学的研究表明,学龄前儿童能够表现出一种自发地分析其母语语言形式的元语言意识。如 Chaney(1992)研究发现,英语为母语的儿童在三岁时就已经能迅速发展出一套认知机制,用于分析语言结构;再如 Tsuji & Doherty(2014)发现日语为母语的四岁儿童,其语用和语音意识开始发展。

Ellis(2009: 16)提出关于显性语言知识和隐性语言知识之间关系的五个要点:

(1) 从系统发育和个体发育的角度,显性知识比隐性知识出现得晚,其存取机制也不一样。

(2) 从神经学的角度,显性知识和隐性知识存在差别。

(3) 显性知识和隐性知识之间是分离的还是连续的,这个问题还存在争议,但是神经学的证据和语言知识的连接模式(connectionist models)倾向于分离化的观点。

(4) 两类知识的呈现是否分离,显性学习和隐性学习的过程是否相似,是两个不同的问题。这里也存在争议。但至少在某种程度上学习的过程和知识的类别之间是相关的。

(5) 尽管在显性知识和隐性知识的界面问题上还存在争议,学界广泛承认这两类知识在语言表现的层面是相互作用的。

2.2.2.3 显性知识、隐性知识和语言水平的关系

语言水平指"一个人使用语言以达到某种目的的熟练程度。语言成就指由学习而获得的语言能力,而语言水平则指使用语言的熟练程度,如一个人读、写、说或理解语言的能力的高低。语言水平可以通过测验来衡量"(Richards et al. 2000)。常见的语言水平测试

包括中国汉语水平测试(HSK),英语的托福(TOEFL)、雅思(IELTS)考试,法语的 DELF 考试等。

我们知道,早些年有些学生即便在托福、雅思这类国际化的英语水平测试中刷到很高的分数,到了国外也无法用英语自如地和当地人交流。而前面我们提到,支撑学习者流利的语言表现的是他的隐性语言知识。那么这里就有个问题,一个人通过水平测试所测量出的语言水平和他的显性语言知识及隐性语言知识之间是怎样的关系?目前学界普遍认为隐性知识的发展是提升语言水平的关键(Han & Ellis 1998;Ellis 2006;Gutiérrez 2012),而显性知识与语言水平的相关性尚存争议(Gutiérrez 2012,2016)。值得一提的是,有研究(如 Elder & Ellis 2009)发现学习者的显性知识与语言水平测试中读写部分的成绩更相关,而学习者的隐性知识与语言水平测试中听说部分的成绩更相关。这就能够解释为什么有些人靠着刷分刷出来的考试成绩(通常是不包括口语部分的成绩)并不能代表其真正的语言能力。

2.3　学习理论基础

外语教学研究领域有个特点,就是学习方法的观点流派众多,其中的术语及其概念比较艰深,而且理论和实践之间的联系不那么直接,容易让一线教师望而生畏、望而却步。在本节的介绍中,笔者尽量深入浅出地介绍各类学习方法的基本概念和内容,并且通过教学设计或教学研究的实例来说明如何在一线课堂中实施该方法。

2.3.1　输入加工理论

最早提出输入加工教学法(processing instruction)的学者是 Bill VanPatten(1993,1996),他认为输入加工法是一种建立在对语言输入机制理解基础上的语法教学方式(VanPatten 2002:764),具有三个主要特征:(1)给学习者提供关于某个语言结构的信息;(2)向学习者指出可能会在信息理解过程中不利于他们习得该语言结构的某个信息加工策略;(3)通过开展带有结构化输入(structured input)的活动,促使学习者对该语言结构进行加工。

以"John makes Mary walk the dog."这个句式的学习为例,教学步骤包括:

(1)简要阐释目标结构及其形式。

(2)开展一系列写和听的结构化输入活动,促进学习者正确地加工句子。包括:参考性活动(referential activities),即学习者必须依靠目标结构获取信息才能给出客观答案的活动,一系列结构化输入活动中的前两三个通常为参考性活动。例如:

Listen to each sentence. Then indicate who is performing the action by answering each question.

- Who cleans the room?
- Who packs the bags?

再如情感结构化输入活动(affective structured input activities),在这一类活动中学

习者能够表达观点、信念或者做出其他的情感反应，也能够加工关于真实世界的信息。例如：

In this activity you will compare and contrast what someone gets a child to do with what someone gets a dog to do.

Someone ...

- gets a child to ...
- gets a dog to ...

Does everyone in class agree?

VanPatten 和 Cadierno（1993）认为语言习得包括图 2.1 所示的三套流程：在流程 I 中语言输入（input）转化成语言摄入（intake）；不是所有的语言摄入都会自动转化为习得的语言系统，因此流程 II 有利于促进语言摄入的巩固并重构发展中的语言系统；流程 III 有助于语言产出，包括监控、存取、控制等。

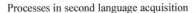

图 2.1　二语习得的过程（VanPatten & Cadierno 1993：46）

VanPatten 和 Cadierno（1993）认为，传统的语法教学方式注重对流程 III 进行干预，也就是操控（manipulate）学习者的语言产出（如图 2.2）。通常教师会讲解某个语法项目，然后让学生对这个语法项目的产出进行操练。

图 2.2　外语教学中传统的显性语法教学（VanPatten & Cadierno 1993：46）

鉴于输入在语言习得中的重要作用，VanPatten 和 Cadierno（1993）认为，如果要改变学习者的语言发展系统，把教学的重心放在产出环节是存在问题的，应该着力于改善学习者理解和处理语言输入的过程，即流程 I（如图 2.3）。他们认为，从理论上说改变输入加工能够对改变学习者的内化知识产生重要影响。

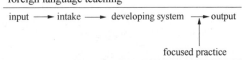

图 2.3　外语教学中的输入加工教学（VanPatten & Cadierno 1993：46）

Shintani（2015）对输入加工教学和基于产出的教学（production-based instruction）的效果进行元分析，通过对 33 篇发表论文中报告的 42 项实验进行分析，发现输入加工教学和基于产出的教学都有助于提升学习者的接受型知识（receptive knowledge）和产出型知识（productive knowledge），但是这两种教学方式的有效性存在三点差异：（1）输入加工教学在提升接受型知识上的效果优于提升产出型知识的效果，基于产出的教学则相反，在提升产出型知识上的效果优于提升接受型知识的效果；（2）虽然输入加工教学在发展学习者接受型知识上的效果优于基于产出的教学，两种教学方法在发展学习者产出型知识上的效果不相上下；（3）在两组实验对象都接受显性教学的情况下，输入加工教学对发展产出型知识的效果要优于基于产出的教学。

此外，该研究还发现：（1）输入加工教学和基于产出教学的长期效果存在差异，输入加工教学在发展接受型知识和产出型知识上的及时效果均优于延时效果,基于产出教学在发展产出型知识上的及时效果优于延时效果,而在发展接受型知识上的及时效果和延时效果没有差别;(2)两类教学方式对不同年龄段的学习者效果存在差异,输入加工教学在发展接受型知识和产出型知识上对成人的效果优于青少年,而基于产出的教学在发展产出型知识上对成人的效果优于青少年,在发展接受型知识上对成人和青少年的效果没有差异;(3)输入加工教学的效果不受显性解释和策略培训的影响,而基于产出的教学对发展学习者接受型知识的效果受到策略培训的影响,对发展学习者的产出型知识的效果不受策略培训的影响;(4)当输入加工遵循"意义优先原则"而非"句首名词原则"时,两类教学方法都体现出在产出型测试中的有效性,但是在接受型测试上未见差异。

▶ **研究案例**

VanPatten 和 Cadierno(1993)所发表的实验研究是关于输入加工教学法的开创性案例。这项实验旨在回答三个研究问题:

(1)改变学习者加工语言输入的方式是否会影响其语言发展系统?

(2)如果产生影响,那么影响是仅限于处理更多的输入,还是对输出也有影响?

(3)如果对输出有影响,输入加工教学法和传统教学法对输入的影响有无差异?

VanPatten 和 Cadierno 的实验包括三个组,每组 18 人,均为伊利诺伊大学二年级学习西班牙语的学生。目标结构为西班牙语中的 OVS 句法。其中对 N 组不作任何教学干预,对 P 组采取输入加工教学法,对 T 组采用传统教学法。输入加工教学法的具体环节包括:(1)教学生如何准确地理解 OVS 结构;(2)让学生对包含 OVS 结构的信息内容进行回应,包括听句子选择对应的图片,或者读短小的段落,随后说出一句包括宾语代词的句子的意思。传统教学法的具体环节包括:(1)以示范表格呈现目标结构及其范例;(2)在产出环节,从机械的练习(句型转换和替换)过渡到有意义的操练(口头笔头提问,简单句造句),再到交际性更强的练习(口头笔头问答,对话)。

VanPatten 和 Cadierno 设计了两套测试:一项为理解任务(interpretation task),需要学生根据听到的句子选择对应的图;另一项测试为产出任务(production task),需要学生根据看到的提示补充句子。所有学生参与前测、及时后测、一周后的延时后测以及一个月后的延时后测。结果发现输入加工教学法有助于改善学习者的输入加工方式,影响学习者发展中的语言系统,进而作用于其语言产出;传统教学法虽然能影响学习者的语言产出,但是对其处理输入的方式没有影响。

2.3.2　技能习得理论

技能习得理论来源于认知心理学,具体来讲是源自人类认知架构的 ACT‑R(adaptive control of thought-rational)模型(Anderson et al. 2004)。这个普遍的技能习得理论认为大多数认知和运动技能的发展具有相似的学习轨迹。根据这个理论,在学习的起始阶段,学习者学到的是陈述性知识。随后,在程序化的过程中,陈述性知识在操练中起到支架的作用以帮助学习者获得程序性知识。通过更大量的操练后,程序性知识会转化为自动化的知识。

根据 ACT - R 5.0,人类的认知系统包括一组模块(modules),其中每个模块用来处理不同类别的信息:视觉模块(visual module)用来识别视觉领域的物体,动手模块(manual module)用来控制手部动作,陈述性模块(declarative module)用来从记忆中提取信息,目标模块(goal module)用来掌握目标和动机。这些模块的协作通过中央产出系统(central production system)实现。中央产出系统对这些模块的大部分活动不敏感,仅对存储于这些模块缓冲区(buffer)的有限信息有响应。例如,人们不会知晓视觉世界的所有信息,但是注意到他们当下所关注的点。同样,人们不会知晓他们长期记忆中的所有信息,但是会注意到当下被提取出来的点。(Anderson et al. 2004: 1037)

技能习得理论为 PPP 教学法(presentation, practice, production)提供了理论支持,在 PPP 教学法中,教师先通过显性教学方式呈现语法知识,然后安排学生对讲授的语法知识进行操练,再通过产出活动进行巩固。如果产出活动为交际型任务的话,这样的教学模式就是任务支持型教学。我们知道,任务型教学中将显性的语法教学放在最后一个环节(post-task phase),也就是说把隐性的教学环节放在显性的教学环节之前。可见,任务支持型教学与任务型教学的理论基础是不一样的。因此,我们有必要比较任务支持型教学与任务型教学的教学效果。

▶ 研究案例

笔者及其团队(Li et al. 2016a)在某市初中英语课堂开展了一项教学实验,以被动语态的过去时为目标结构,考查学生在不同教学条件下的学习效果。将 150 名初中二年级的学生随机分为 4 个实验组和 1 个控制组,其中 4 个实验组分别为:

① 任务支持型教学组1:显性的语法教学和任务。
② 任务支持型教学组2:显性的语法教学、实施任务并提供纠错反馈。
③ 任务型教学组1:课堂中只实施任务,没有其他的干预。
④ 任务型教学组2:实施任务并提供纠错反馈。

这项研究旨在回答两个研究问题:(1)不同教学条件下学习者显性知识和隐性知识的习得效果是否有差异?(2)对于课前对目标结构有一定掌握和完全未掌握的学习者来说,不同教学条件下的学习效果是否有差异?

四个实验组都参与了两个小时的课堂教学,研究者设计和实施了两项内容不同、程序一致的整体听写任务(dictogloss tasks)。在实施任务的过程中,学生首先过一遍任务中会涉及的生词,并通过两个头脑风暴问题熟悉故事的主题。然后教师会把一个故事读三遍,第一遍用正常语速读,让学生对故事内容有大概了解;第二遍教师借助 PPT 来读,PPT 上依次出现故事中的句子以及对其中生词的注释;接下来教师第三遍读故事,以巩固学生对故事的理解。教师读完故事后,学生开展结对子练习复述故事并为故事加一个结尾。在最后展示的环节,每对学生合作完成故事的复述,全班评选最佳故事结局。

这个项目中有两个实验组需要接受 15 分钟的显性语法教学,在这个环节中,教师首先给学生呈现主动语态和被动语态的句子,让学生识别其中的施动者和受动者,然后解释被动语态的构成和使用场景。接下来教师给学生 10 个使用被动语态的句子让他们判断其中的语态是否正确,并将错误的用法更正过来。整个过程不打断意义的交流。

在纠错反馈环节,研究者采用纠错重铸(corrective recast)。也就是说,当学习者的语言产出中出现涉及目标结构的错误时,教师会重复学生说过的话,通过语气上强调错误的地方暗示学生注意到错误并鼓励自我纠错,如果学生成功纠错了,教师就示意其继续复述故事,如果学生无法成功纠错,教师就用正确的形式重述句子,并在语气的处理上强调纠正错误的地方。

研究者设计了一套语法判断测试(grammaticality judgement task,GJT)和一套口头诱导模仿测试(elicited imitation test,EIT)分别检测学习者关于目标结构的显性知识和隐性知识的掌握情况。两套测试均涉及 30 个动词,其中 20 个动词为任务中出现的单词,10 个动词为任务中没有出现的单词。GJT 测试包括 40 道题,其中 30 题包括目标动词,全部为错误项,10 题为干扰题。GJT 测试不限时,学生需要判断句子的语法是否有误,并更正发现的错误。EIT 测试包括 35 道题,其中 30 题包括目标动词,正确和错误项各占一半,5 题为干扰题。在 EIT 测试中,学生需要听到母语为英语者读 35 个句子,在给定的反应时间内判断每个句子是不是符合自己的情况,然后用自己的话重复听到的句子。这两套测试都有三个版本,分别用于前测、及时后测和延时后测,三个版本的测试题目和总题数完全一致,但是题目的顺序不一样。

整个项目分为三个阶段:第一阶段所有学生完成前测;第二阶段四个实验组的学生完成两个小时的实验教学并进行后测,控制组的学生也完成即时后测;第三阶段,所有学生在实验教学结束两周后完成延时后测。结果表明,从学生对目标结构的显性知识来看,在即时后测和延时后测中,四种教学方式都能提升学生的显性知识水平,其中两个任务支持型的教学组的表现优于任务型的教学组。从学生对目标结构的隐性知识来看,四个组相对于控制组来说有一定提高,但是效果不显著,相比较而言支持型的教学组表现优于任务型的教学组。

本次实验说明采用交际型任务来讲授新的语法点是行之有效的。任务与课堂中的其他教学手段结合能够产生不同的教学效果。此外,短期教学作用于显性知识的效果比较明显,而隐性知识的培养可能需要更长的时间,或者说需要更多课后的输入。本次实验的局限性在于,没有一个实验组采用任务型教学中最常用的方式,即"任务＋反馈＋显性教学"的教学步骤,如果能够比较一下显性教学的环节安排在任务前和安排在任务后的效果有什么差异,这样的实证依据对于一线教师会非常有指导意义。

2.3.3　迁移恰当加工理论

迁移恰当加工理论(transfer appropriate processing theory,TAP)的一个基本假设是人类心智(human mind)处理信息的能力是有限的,我们能够注意并记住的信息量是有限的。TAP 对于信息处理理论的特殊贡献在于发现,如果我们提取某段信息时所激活的认知过程和学习这段信息时所激活的认知过程一致的话,我们更容易记住这段信息。也就是说,TAP 意味着我们在学习的时候,我们的记忆在记录所学项目的同时,也记录了我们学习这个项目时的认知和感知过程。因此,学习某项知识的认知处理形式与我们今后提取该项知识的认知过程越接近,学习越有可能取得成功(Spada et al. 2014: 454)。

根据 TAP,学习外语的过程越接近语言使用的场景,语言学习越可能事半功倍。因为学习外语的最终目的是使用语言完成交际任务,所以 TAP 为在意义交流中关注形式、任务型教学等手段提供了重要的理论支撑。

▶▶ 研究案例

Spada et al.(2014)开展了一项课堂教学实验,旨在了解融合型的 FFI[1] 和孤立型的 FFI 的教学效果有什么差异,回答两个研究问题:(1)融合型的 FFI 和孤立型的 FFI 对二语学习的效果有没有差异?(2)孤立型的 FFI 和融合型的 FFI 是否分别作用于不同的二语知识?

这项研究以加拿大的 109 名中等水平的成人英语学习者为研究对象,共有四个班级参与,每个班 25—30 人,其中两个班级接受融合型的 FFI,另外两个班级接受孤立型的 FFI。这项研究选取的目标结构为被动语态,实验教学持续三天共 12 小时。两类教学方式基于同样的主题,也采用同样的策略以引起学生对语言形式的注意,具体包括元语言解释和显性的纠错反馈。两类教学方式的区别在于在融合型的 FFI 中,教师将语法知识的简单讲解和纠错反馈穿插在交际型活动中;而在孤立型的 FFI 中,显性的语法教学和交际型活动之间是相对独立的。

研究者采用笔头纠错任务(written error correction task)和图片线索口头产出任务(picture-cued oral production task)分别检测学习者的显性知识和隐性知识。其中笔头纠错任务包括 24 道目标结构题和 6 道干扰项,25 道目标结构题涉及到三类错误。该项测试包括题目顺序不同的两个版本,一个版本用于前测,另一个版本用于两次后测。图片线索产出任务只有一个版本,学习者需要根据 PPT 上呈现的图片讲述一个关于包裹寄丢的故事。该测试总共包括八张呈现在 PPT 上的图片,其中五张用于引出使用被动语态的表达,三张用于引出使用主动语态的表达。参与实验的学生共参与三次测试:前测、即时后测和两周后的延时后测。

该实验的结果表明两种教学方式对于学生习得目标结构都有显著效果,但是两种教学方式之间没有差异。具体而言,接受孤立型 FFI 学生的显性知识发展优于接受融合型 FFI 的学生,虽然两组没有显著差异,但是数据分析的结果显示出大效应量。另一方面,接受融合型 FFI 的学生其隐性知识发展优于接受孤立型 FFI 的学生,两组之间有显著差异,数据分析显示出中等效应量。可见,接受融合型 FFI 的学生更容易在交际型的口语任务中提取关于目标结构的知识。

---

1 FFI 即 form-focused instruction,为旨在帮助学生掌握语言形式的教学。

值得一提的是,TAP 是对知识获取和知识提取之间关系的理论解释,其理论本身并不预设某种教学法偏好。也就是说,如果提取知识的场景是真实的语言使用,那么教学情境的设置应当尽量贴近真实的交际场景;但是如果提取知识的场景为传统的考试,那么教学情境的设置也会有相应的变化。所以 TAP 理论及其研究案例给我们的启示不仅在于课堂教学方式的变革,也在于教学评价方式的变化。

2.3.4　隐性学习和显性学习

隐性学习(implicit learning)的概念最早由 Arthur Reber 在 1967 年提出,特指实验研究对象在非刻意注意或者没有意识到所学知识的状态下习得复杂的、有规律的知识。而显性学习(explicit learning)指实验研究对象被告知要积极寻找规律的学习场景,学习是有目的的,这个过程可能会带来有意识的知识(Rebuschat 2013: 596)。

Hulstijin(2005: 131)认为在显性学习中,学习者的输入加工是有意识地去发现输入信息中是否包含规律性,同时,如果确有规律性的话,通过制定概念和规则来抓住其中的规律。而在隐性学习中,学习者的输入加工没有这样的意图,是无意识的。

与隐性学习和显性学习密切相关的一组概念是隐性教学(implicit instruction)和显性教学(explicit instruction)。Ellis(2008)将显性教学也称为"直接教学"(direct instruction),即将有关教学目标的显性知识提供给学习者,通常也给学生提供操练目标知识的机会。显性学习包括有目的地学习。Ellis(2008)将隐性教学也称为"间接教学"(indirect instruction),即创造机会让学生在不知不觉中学习。隐性教学中不提供目标结构的显性信息,但是会提供使用目标结构的机会。

▶ **研究案例一**

Andringa et al.(2011)针对荷兰语中的两个语言点,即比较级(the degrees of comparison, DoCs)和从句中的动词词尾,在 102 名 12—18 岁的学习荷兰语的中学生中开展了一项教学实验,旨在检验三个假设:

(1)与隐性教学相比,接受显性教学的学生在涉及比较级的自由简答任务中表现更好。

(2)与隐性教学相比,接受显性教学的学生在涉及从句的自由简答任务中表现更好。

(3)显性教学和隐性教学的成功取决于目标结构的意义在学习者母语中的表达方式。

这项实验采用交叉干预(crossed-treatment)设计,也就是说第一个实验组在学习比较级这个语言点时接受显性教学,而在学习动词词尾这个语言点时接受隐性教学;第二个实验组正好相反。研究者在临近实验前、刚结束实验后、和实验结束四周后这三个时间节点对学习者进行测试。这项实验采用基于计算机的教学方式,共包括八堂课,涵盖三个不同的主题:广告、奥运会和荷兰的水。其中四堂课用于讲授比较级,另外四堂课用于讲授从句。教学设计包括与主题相关的文本及其练习。以下是显性教学组和隐性教学组的教学步骤(表 2.2 和表 2.3)。

表 2.2　显性教学组的教学步骤

比较级	从句
① Which word is a form of the DoCs? When a commercial is funny, people think it is nicer. ② These three sentences are taken from advertisements. Which sentence does not contain a form of the degrees of comparison? A－X now washes even cleaner. B－With X, colors stay nicer. C－X is not expensive. ③ Fill in one of the (three) words in the sentence below. Use a form of the DoCs. X is one of Holland's ［high/fast/small］ skaters.	① Which sentence does not have a subordinate clause? A－X likes the Sony because it is very small. B－X likes the Sony because it looks smart. C－X likes the Sony: it is very small and it looks smart. ② Make from two sentences one complex sentence. （1）－You can earn a lot of money. （2）－You are good in sports. You can earn a lot of money if ...

表 2.3　隐性教学组的教学步骤

比较级	从句
① This statement is about the text you just read. Is it true or false? When a commercial is funny, people think it is nicer. ② What does this advertisement try to tell you? A－X now washes even cleaner. B－With X, colors stay nicer. C－X is not expensive. ③ Fill in one of the (three) words in the sentence below. Make the sentence agree with the text. X is one of Holland's ［high/fast/slow］ skaters.	① Why does X like the Sony discman? A－X likes the Sony because it is very small. B－X likes the Sony because it looks smart. C－X likes the Sony because it is very small and it looks smart. ② Read the text (excerpt given) and finish the sentence: You can earn a lot of money if ...

　　研究者采用两项测试来测量学习者对目标结构的掌握程度：语法判断任务和自由简答任务(free written response task，FWRT)。其中语法判断任务用于测试学习者关于目标结构的显性知识，而自由简答任务用于测试学习者在正常语言产出中自然使用目标结构的能力。结果发现，从语法判断任务的成绩来看，显性教学组的效果要优于隐性教学组，但是从自由简答任务的表现看，两种教学方式没有差异。同时，研究者也发现，对于母语和二语表达比较相近的目标结构来说，显性教学的效果更明显。

　　这项研究在课堂而非实验室中开展，其中研究者采用的教学设计和教学材料都非常接近自然的教学状态，这项研究的成果对一线教师和教学研究者都十分有启发意义。但是这项研究的局限性在于两类教学方式对学习者隐性知识的作用尚不明确。

▶▶ 研究案例二

　　Ellis et al.(2006)以口语课堂中的纠错性反馈为切入点，研究显性反馈和隐性反馈对学习效果的影响。这项研究选取新西兰一所私立学校的 34 名英语中低水平的学生为研究对象，以过去时"$v.+$-ed"为教学实验的目标结构。学生被随机分为三个小组，其中实验一组和实验二组各有 12 人，对照组有 10 人。两个实验组的学生连续两天，在总共 1 小时的课上完成两个交际型任务；而对照组的学生接受常规的教学（不完成任务也不接受任何涉及过去时用法的反馈）。

研究者设计了两个聚焦型任务(focused task)：

- **任务一**：将一个组的学生分为四个小组，每小组三人。研究者向每组学生发一组相同顺序的图片，图片的内容是一则短故事。这个故事共有四个不同的版本，每个小组拿到其中的一个版本。研究者要求每个小组的学生认真读拿到的故事，然后尽量详细地复述故事。学生有 5 分钟时间准备，复述故事的时候不准看原来发给他们的文本，也不能做笔记，但是可以看研究者提供的一组动词：visit、live、walk、turn、kill、want、follow、attack、laugh、point、stay watch。研究人员在黑板上写下这个故事的开头几个单词"Yesterday, Joe and Bill ..."，以清晰地设定使用过去时的语境。同时，研究人员还告诉学生每组的故事之间有细微的差别，他们需要认真听其他组的故事以发现其中的差异。

- **任务二**：将一个组的学生分为四个小组，每小组三人。研究者向每组学生发一组图片，图片的内容是关于 Gavin 或 Peter 的一天，每组学生拿到的图片不一样。描述这些图片需要用到动词的过去时。和任务一一样，学生也有 5 分钟时间准备，研究人员要求学生讲述图片内容时用到的第一句话应该是"Yesterday Gavin/Peter had a day off."。当一组学生在讲述故事的时候，其他三组的学生要根据听到的内容对手头的图片进行排序。其中有一张图片是不符合听到的故事内容的，学生需要将那张图片找出来。

在两个实验组学生完成任务的过程中教师分别给出隐性反馈和显性反馈。其中隐性反馈采用重铸(recast)的形式，例如：

Learner：They saw and they follow ... follow ... follow ... him.

Researcher：Followed.

Learner：Followed him and attacked him.

显性反馈采用元语言反馈(metalinguistic feedback)的形式，例如：

Learner：He kiss her.

Researcher：Kiss — you need past tense.

Learner：He kissed.

研究者采用口头模仿测试(oral imitation test)测量学生的隐性知识，通过不限时的语法判断测试和元语言测试(metalinguistic test)来测量学生的显性知识。所有学生都参与前测、即时后测和延时后测，结果发现以元语言反馈比重铸反馈更有效。

以上这两个研究案例都是在真实课堂中开展的语言教学实验，对于我们考察显性教学和隐性教学的效果具有重要的参考意义，但是我们应该注意到，由于实验研究本身对变量控制有非常严格的要求，这里呈现的两个案例中研究者设置的实验教学时间都比较短，因此检测的结果也只能说明短期教学的效果。目前学界还缺乏长期的对显性教学和隐性教学效果进行比较的研究案例。

2.3.5 演绎学习和归纳学习

演绎学习(deductive learning)指先呈现语言规则再给出例子,而归纳学习(inductive learning)指先给出例子再呈现语言规则(DeKeyser 1995: 380)。Gollin(1998: 88)认为"演绎学习法大多与语法翻译法紧密联系,而归纳学习法通常被视为听说教学法的主要特征"。演绎教学法通常出现在传统的、以教师为主导的课堂中;而归纳教学法常见于以学生为中心的、鼓励解决问题的课堂上。例如教师先讲解某个语法点,然后让学生用这个语法点来做造句练习,这样的教学方式就属于演绎法;如果教师给学生一组包括某个语法点的句子,让学生通过小组讨论发现其中的语法规律,这样的教学方式就属于归纳法。

▶▶ **研究案例一**

Rizzuto(1970)在美国的中学开展了一项课堂教学实验,参与该实验的有 165 名八年级学生。这些学生按照性别和语言能力分层后随机分为两个实验组,即归纳组和演绎组,以及一个对照组。两个实验组的教学时长持续 5 周,包括 20 节课,每节课 45 分钟。

在归纳组的教学中,教师提出该节课的语言点,引导学生注意涉及该语言点的问题,通过提开放性问题引导学生发现语言规则。课堂教学以学生之间互动为主,师生对话为辅,教师仅在必要的时候提供信息。在演绎组的教学中,教师向学生清晰准确地呈现语言规则,教师采用的策略包括比较相似概念的异同、解释说明、例证阐释等。学生需要理解和掌握教师讲述的概念,并将其运用到练习中。

该实验采用标准测试(criterion measure),包括 35 道用于测试知识识别的选择题和 30 道用于测试知识迁移的选择题。两个实验组接受即时后测和两周后的延时后测,控制组只接受即时后测。结果表明,从语言结构中形态和句法概念的教学效果来看,归纳教学法优于演绎教学法。此外,这项研究也发现学生的语言水平对两类教学效果的差异不造成影响。但是相对于男生来说,女生在归纳学习中优势更为明显。

▶▶ **研究案例二**

Tammenga-Helmantel et al.(2014)以学习德语、英语和西班牙语的 918 名中学生为研究对象,考察归纳学习和演绎学习的效果是否有差异。与上文 Rizzuto(1970)的研究不同的是,这个研究着重考察目标语言结构的复杂度对不同教学方式效果的影响。参与该研究的学生年龄从 12 岁到 15 岁,其中 294 名学生学习德语,425 名学生学习英语,199 名学生学习西班牙语。

该项目中学生被随机分为五个组,其中包括一个控制组和四个实验组:显性演绎(explicit-deductive)教学组、显性归纳(explicit-inductive)教学组、附带(incidental)教学组和隐性(implicit)教学组。该项目选用的目标结构是比较级。四个实验组的学生需要参加一次前测,接受三节课的教学,再参加一次后测。在四个实验组的教学环节,研究者选用相同主题的材料并确保各组语言输入的总量相当。

该研究在前测中采用语法判断测试,在后测中采用语法判断测试和半指导的写作测试。语法判断测试用于测试学生对目标结构的显性知识,包括 17 道题目,其中 3 道为干扰项。写作测试包括 10 道图片描述题,用来测试学生在目标结构上的语言产出水平。结果表明,对于三种外语而言,归纳教学和演绎教学的效果均没有显著差异。

以上两个案例都是在真实外语课堂中开展的教学实验,其实证依据对我们选择合适的教学方法提供了可靠的参照。但是一线教师对于两个研究得出不一致的结论可能会产生困惑。实际上,第一个研究案例的实验教学持续时间明显长于第二个研究案例,归纳型教学的优势更容易在长期的教学实践中体现出来。

2.3.6　附带学习和刻意学习

附带学习(incidental learning)和刻意学习(intentional learning)这组概念源于认知心理学的实验,起初指学习者在参与某项实验时是否知道他们完成实验任务后会不会接受测试(Hulstijn 2003)。具体到教学领域,刻意学习是指学习者带有某种目的或有意识地学习。例如某个学生为了积累关于国际空间站的词汇,阅读一篇描述宇航员在国际空间站生活的文章,在这个过程中这位同学可能会对文本中的重点表达做记号、加注释、通过练习巩固记忆等,这样的学习方式就属于刻意学习。相反,附带学习是指学生在没有特定目标的情况下无意间的学习。例如某个学生喜欢看《哈利·波特》的原版电影,一部电影看下来发现自己无意间学会了其中的魔法咒语,这样的学习方式就属于附带学习。

de Vos et al.(2018)发表了一篇关于口语输入对于词汇学习效果的元分析文章。这项元分析涉及 32 项研究,105 个附带学习效应量数据及 1 964 名参与者。他们发现这项研究的平均效应量明显(g=1.05),说明以意义为中心活动中的口语输入通常能带来比较大的附带词汇学习效果。同时,这项研究还发现成人的学习效果优于儿童,互动性的学习活动效果优于非互动性的学习活动。

▶▶ **研究案例一**

发条橙实验指上世纪 70 年代末到 90 年代的一系列词汇教学实验。这些实验通过开展不预设词汇学习目标的泛读教学活动来检验学生的词汇学习效果,因为这个系列中早期最经典的一个实验(Saragi et al. 1978)中采用的阅读文本为 Anthony Burgess 的作品《发条橙》(*A Clockwork Orange*),所以类似的研究都被称作"发条橙"研究。下面选取这一系列中的 Horst et al.(1998)来具体说明。

本研究旨在回答四个问题:

(1)阅读简写版小说是否有利于提升学生的词汇知识?

(2)阅读文本中出现频率高的单词是否更容易被学习?

(3)一般语言中出现频率高的单词是否更容易被学习?

（4）词汇量大的学生是否能学习更多的词汇？

Horst 和同事在安曼的一所大学招募了 34 名中低英语水平的大学生参与该实验，选用的文本为 Thomas Hardy 的作品 *The Mayor of Casterbridge*（简写版），全长 21 232 词。为了保证所有受试学生的阅读进度一致，在连续六周，每周一小时的实验过程中，学生一边阅读这本书，一边听老师读。老师在朗读故事时确保将学生的注意力集中在故事情节上，阅读的速度不允许学生查单词。而且每堂课用到的阅读文本都是上课时下发，下课时回收。

这个实验中采用了两项词汇测试：一项是四选一的选择题，需要受试学生选出所给单词的正确词义，共 45 道题；另一项测试是三选一的选择题，需要受试学生从三个单词中挑出词义不同的选项，共 13 道题。在六周的阅读教学开始的前一周，学生参与了这两项词汇测试。此外，研究者采用 Levels Test(Nation 1990)对受试学生的词汇量进行测量。

通过对前测和后测的结果比较，研究者发现对于第一项测试所包括的 45 个单词，后测的结果显著高于前测(后测均分 26.26，前测均分 21.64，t[33]＝5.81；p＜0.05)[1]；对于第二项测试所包括的 13 个单词，后测的结果也显著高于前测(后测均分 6.71，前测均分 5.53，t[33]＝2.95；p＜0.05)。因此，Horst 和同事认为阅读简写版的文学作品能够使学生实现少量且重要的附带词汇学习。

关于文本中词汇出现频率与附带词汇学习效果之间的关系，这项实验发现：当一个词在文本中重复出现 8 次及以上时，更容易产生客观的附带学习效果。但是，这项研究并没有发现词汇的出现频率与附带学习效果之间具有相关性。此外，这项研究还发现学生本身的词汇量和附带词汇学习的效果之间有一定联系，但相关性不强。

如今，这项研究的发表已过去 20 余年，但是它为我们带来的关于附带学习的思考依然很有意义。首先，这项研究的结果启示我们，对于英语阅读中单词的处理，不一定要画重点、加注释、抄写默写，跟着情节走的阅读也是学习单词的一种方式。此外，它为我们在英语课程中设计关注意义的泛读课程及其相关活动提供了实证依据。现在很多教师习惯于依托文本，从文本中抠出重点词汇来反复操练的教学方式，是否可以反思在精讲精练的模式之外，有没有词汇学习的其他可能？

▶ 研究案例二

Rodgers(2015)通过对 40 名大学本科生持续一个学期的跟踪调研，了解在以学科内容为基础的课程中语言附带学习的效果。该研究旨在回答两个研究问题：（1）教师和学生是否认为一个学期的高水平的外语文学或文化课有助于提升学生的语言能力？（2）有无显示附带学习发生的证据？

参与该研究的是 40 名成人学习者，均为在美国主修或辅修法语或西班牙语的大学生，分布在四个班级，其中两个班级用法语教学，两个班级用西班牙语教学。一学期共有 14 周，其中三个班级每周上三次课，每次 65 分钟，一个班级每周上两次课，每次 95 分钟。

研究者采用的质化数据收集工具包括教师访谈、学生问卷和课堂观察；量化数据收集

---

1 原文作者在处理数据时删去了一个学生的无效数据，故为 33。

工具包括完形填空测试、写作测试和口语测试。结果表明：（1）只有很少一部分学生认为经过一个学期的学习他们的语言水平有提高，但是大多数教师都认为学生的语言水平有所提升。值得一提的是，虽然学生认为他们的语言水平提升主要表现在接受型技能上（听力和阅读），教师却认为学生的产出型技能（口语和写作）有所提升。（2）经过一个学期的学习，学生的写作水平有显著提升，但是在口语水平上未见明显效果。因此 Rodgers 认为以内容为依托的二语课程能够引起附带学习，同时也提出该类课程中可以融入更多的刻意学习元素，以进一步迎合学生的学习需求，发掘学生的语言学习潜力。

这一类的研究很有参考性，因为研究人员把关注的视阈放在整个课程和全体修读该课程的学生上，是基于对教学效果长期观察做出的结论，对从事课程开发和一线教学工作的人员有很强的指导意义。

2.3.7 丰富型输入和增强型输入

根据 Schmidt（1990，1994）的注意假说（noticing hypothesis），"注意（noticing）"指学习者有意识地关注语言输入中的某种结构时所发生的认知活动。一旦学习者注意到某个结构，他们就能够在短时记忆中默述这个结构，因此能够增加习得这个结构的可能性。也就是说，学习者从输入中习得语言的前提是要有意识地关注到输入中的某种特定形式，因此如果刻意增强输入中目标结构的显著度，学习者会注意到这一目标结构，也更容易习得这一结构。

丰富型输入（enriched input）有时也被称作输入洪水（input flooding），指高频率出现的、有某项共同特征的二语输入。举个例子，在笔者曾经开展的一项教学实验（Li et al. 2016a，b）中，我们针对教学实验用的目标结构"过去时的被动语态"设计了两个讲故事的任务，这两个故事的文本都包括大量的目标结构。

A car accident

There was a bad car accident yesterday. Three people were killed. Also，one child was injured. Her leg and arm were broken. Her face was seriously cut. She was driven to the local hospital. Her injuries were treated there. The relatives of the girl were told about the accident. A witness said，"The car was hit by a big truck. It was badly damaged." The truck was travelling on the wrong side of the road. The driver of the truck tried to run away. But he was stopped，and he was arrested. He was taken to the police station for questioning. Some bottles of beer were found in his car. He was charged with drunk driving. He was locked in a police cell.

An earthquake

Kiki was raised in a small house in the countryside. One day he was playing when suddenly there was a big earthquake. He was knocked down by the falling bricks. Then the walls fell down. He was trapped in the house. It was very dark. Kiki was badly hurt and could not move. Later Kiki's mom came back home. She saw the house was destroyed. She

---

thought her boy was buried in the house. She shouted out to him. He could not hear her because he was covered with bricks. Some dogs were brought to search for him. Kiki was found. The bricks were removed. Kiki was pulled out of the wreckage of the house. He was carried to the local hospital. He was put in an emergency room for treatment. He was given special food to help him recover. He was allowed to leave the hospital after one month.

增强型输入(enhanced input)强调突出某项目标特征的二语输入,例如加注解、加粗字体、加下划线等。举个例子,《高中英语(上外版)》选择性必修第一册第四单元的语法板块通过以下活动让学生学习非限定性定语从句(non-defining relative clauses)的用法。我们可以看到,编者对这个语篇中的限定性定语从句和非限定性定语从句都加了下划线,其目的是增加目标结构的显著度,从而使学生在阅读语篇的过程中能够注意到这两个结构,并且思考其用法和形式上的不同。

Read the passage and think about why the relative clauses are used.

A famous science fiction writer in China，Liu Cixin，who is a winner of the 2015 Hugo Award，wrote the short story *The Wandering Earth* more than 20 years ago. The story is set in the early 22nd century，when the Sun has aged and is about to destroy the solar system. In order to survive，the human race builds 10 000 huge engines which slowly push the Earth out of the solar system. As the planet moves away from the Sun，much of its surface is frozen in abnormal weather conditions，forcing human beings to live in vast underground cities that are built next to the engines. It takes 20 years to reach Jupiter，which should assist in the escape of the frozen Earth with its massive gravity. Yet things go very wrong on the day when the Earth is passing Jupiter …

▶ 研究案例

Reinders和Ellis(2009)开展了一项教学实验,旨在比较丰富型输入和增强型输入对语言摄入(intake)和语言习得(acquisition)的影响。其中语言摄入是指"学习者未必理解、能感知到的并存储于短时记忆中的部分语言输入,语言摄入有助于建立和加强短时记忆与长时记忆的联系"(Reinders & Ellis 2009：284)。在这项教学实验中,研究者通过观察学习者笔头输入中能够正确使用目标结构的情况来检测其语言摄入的水平。同时,研究者分别采用不限时的和限时的语法判断测试来检测学习者的显性知识和隐性知识水平。

该项实验旨在回答两个研究问题:(1)丰富型和增强型输入对学习者对于英文否定句的摄入和习得有什么影响?(2)两类输入对英文否定句的摄入和习得的影响有什么区别?

参与该项实验的是新西兰一所私立语言学校的28名中高水平的学生,其中17人分在丰富型输入组,11人在增强型输入组。实验历时五周,研究者在第一周组织所有学生参加前测,第二至第四周实施实验教学,并在第四周组织学生参加即时后测,第五周组织延时后测。研究者在两个实验教学组采用的任务中使用的口头或笔头文本均为包括目标结构的 36 个句子。在丰富型输入条件下,学生主要是完成交际型任务;在增强型输入条件下,学生需要认真听文本并注意每个句子中助动词的位置,以保证学生的注意力集中到目标结构上。

教学环节包括三个不同的任务:任务一为文本听写。学习者听写一段 60—70 字的文章。学生先听完整的文章,再分节进行听写,每节内容的长度约为 7—8 个词。每种实验条件下均包括 4 篇听写任务文章,其中每篇包括三个目标结构句子。任务二为独立文本重构。学习者听一段 60—70 字的文章,听两遍,可以记笔记,然后以写作的形式重构这篇文章。在写作的过程中,学生需要将思考的内容说出来。任务三为合作文本重构。该任务和独立文本重构的过程相似,但是学习者需要两两合作来完成重构文本的任务。在两种输入条件下,每个学生完成三个任务中的一个。具体而言,在丰富型输入条件下,参与三类任务的学生人数分别为 5、5、7;在增强型输入条件下,参与三类任务的学生人数分别为 4、3、4。

该研究采用的限时语法判断任务包含 50 个句子,其中 20 个句子含否定副词,包括 10 个句子语法正确,10 个句子语法错误,另外 30 个句子包括其他副词结构。该测试在计算机上呈现,学习者需要在一定的时间内做出判断。非限时语法判断任务包括内容相同但是顺序不同的 50 个句子,没有时间限制。

该研究的结果表明,参与实验学生的摄入分数有所提升,但是丰富型和增强型输入两种条件未见明显差异。总体而言,两类输入对于学生的隐性知识习得没有显著效果,但是丰富型输入组的表现优于增强型输入组。从显性知识的习得来看,两类输入对于学生的显性知识习得没有显著效果,两组的表现也没有显著差别。如果把语法测试中的正确项和错误项分开来看的话,丰富型输入有助于隐性知识的习得,但是对显性知识的习得没有帮助。同时,这项研究也表明将学习者的注意力集中于目标结构的教学方式在促进学生语言摄入和语言习得上并没有额外的优势。

2.4 结语

本章从应用语言学理论、心理学理论和学习理论出发,系统梳理了外语教学的方法及其研究案例。我们可以看到,受到教育学、心理学等基础学科发展的影响,外语教学领域对方法的探索和实践也在不断深入,研究者也在孜孜不倦地通过开展实验研究等方式考察外语教学方法的有效性,推动学科领域的发展。尽管如此,由于研究条件的局限,在某些重要方面现有的实证研究依据还不够充分,需要更多深入一线课堂、基于长期实践的研究成果来进一步丰富理论、指导实践。因此,对于外语教学研究人员来说,应该有甘坐冷板凳的决心和解决复杂问题的能力,将论文写在课堂上,做一线教师看得懂、有益于教学的研究。而对于一线教师而言,也应该关注教学研究的发展,提升自身的理论水平并用于指导实践,对于教学中的方法之争应有科学的头脑,结合自己的课堂实际做出合理的判断,而不是人云亦云,必要时可以在自己的课堂中开展行动研究和探索性实践研究,从而提升自身的反思性实践水平。

第三章 外语课程观视阈下的任务

3.1 课程大纲的定义

课程大纲对应的英文单词分别是 curriculum 和 syllabus，这两个词容易被误用，在某些情况下也可以相互替换使用。除了 curriculum 和 syllabus 之外，文献中还有一些术语，如 course of study、program、guide for coursewriters 等，也表达类似的意思。在本书中，为了保证基础概念的清晰，笔者采用 Candlin(1984) 和 Nunan(1993) 提出的区分原则对这两个概念加以区分：课程(curriculum)是关于外语学习目标、内容、评价、师生角色等问题的概括性表述，涉及到对外语学习的规划、实施、评估、管理和行政监管；大纲(syllabus)是课程在实际教学场景中的具体化体现，是师生在课堂中对课程要求的应用，更侧重教学内容的选择和分级排序。本节中的"外语大纲""外语课程大纲"都是指 syllabus。

Brumfit(1981) 提出外语课程大纲的设计应考虑五方面的要求：第一，大纲应有明确的目标；第二，大纲应体现清晰的过程，不论课程的终点如何设置，课程的起点一定是学习者行为；第三，大纲是管理工具，应植根于实际的制度或行为模式；第四，大纲应体现概括性，其内容不是面向个体学生的，而是学生群体，因此有必要在大纲详述说明中对学习者的行为进行概括和归纳；第五，大纲的内在组织体系应与以上四点要求兼容。

根据不同的分类标准，常见的对外语课程大纲的分类有三种：第一种分类是将课程大纲分为综合型大纲(synthetic syllabus)和分析型大纲(analytic syllabus)(Wilkins 1974,1976)；第二种分类是将课程大纲分为基于结果的大纲(product-based syllabus)和基于过程的大纲(process-based syllabus)(Brumfit 1984)；第三种分类是将课程大纲分为 A 类大纲和 B 类大纲(White 1988)。

Wilkins(1974,1976)将课程大纲分为综合型大纲和分析型大纲。在综合型课程大纲中，目标语言被切分成相对独立的语言项目，学习者需要循序渐进地学习并积累这些语言项目，从而建立完整的语言体系。所谓"综合"是指学习者在语言交际中要将碎片化的语言知识点重新整合运用。典型的综合型课程大纲包括语法大纲、意念大纲等。分析型课程大纲向学习者提供目标语言样例，大纲设计的依据主要是学习者使用语言的目的和达成目的所需要的语言表现。和综合型大纲类似，分析型大纲的"分析"是从学习者角度来看的，是指学习者要认识到完成某项语言行为所需要具备的语言要素。分析型大纲中对语言输入呈现形式的人为干预较少，但是对学习者的从语言输入中归纳规则的能力及其内在普遍语法能力的依赖度比较高。典型的分析型课程大纲包括：程序大纲、过程大纲和任务大纲等。

　　Brumfit(1984)将语言课程大纲分为基于结果的大纲和基于过程的大纲。其中基于结果的大纲包括显性呈现的语言内容,旨在提升学习者的语言准确度,课程的重点在于语言的用法(language as usage);而基于过程的大纲包括学科内容或解决问题的活动,旨在提升学习者的语言流利度,课程的重点在于使用语言传达意义(the use of language for meaning-making)。在基于结果的大纲中,学习者关注的是理解和产出具体的语言项目;而在基于过程的大纲中,学习者关注的是自然的语言使用。Brumfit 认为这两种泾渭分明的路子在语言课程中都是不可或缺的,他提出应当采用整合型大纲,根据学习者所在的发展阶段调整课程在语言准确性和流利性方面的侧重点。如图 3.1 所示,在整合型课程大纲中,低年段的课程主要侧重对学习者语言准确性的培养。随着语言水平的提升,课程中涉及语言准确性内容的比例逐渐下降,而涉及语言流利性内容的比例逐渐上升,到高年级阶段,课程主要侧重对学习者语言流利性的培养。

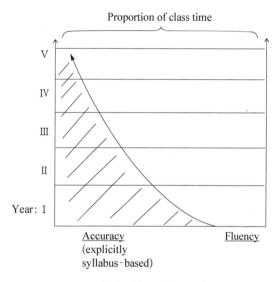

图 3.1　整合型课程大纲示意图
(Brumfit 1984: 119)

　　White(1988)将外语课程大纲分为 A 类大纲和 B 类大纲,其中 A 类大纲侧重语言学习的内容,而 B 类大纲侧重语言学习的方法。White 认为 A 类大纲是将目标语言细分为小的语言点,预先规定好教学目标和教学路线图。这类大纲是干预性的、外在的、非学生主导的。在 A 类大纲中学习的成功与否取决于对教学内容的掌握情况。而 B 类大纲是非干预性的、内在的,其教学目标和内容不是预先选定和安排的,而是师生通过商议决定的。在 B 类大纲中学习成功与否取决于学习者自己确定的成功标准。

3.2　结构大纲

　　结构型语言大纲(structural syllabus)"选择语言中出现的语法项目和结构(如时态、语法规则、句型),并将其排列成适合教学的顺序。在结构型教学大纲中介绍语法项目和结构的顺序可能是基于频率、难度、有用性或这些因素的综合考虑"(Richards & Schmidt 2010: 563)。结构型大纲经常被用作传统大纲的代名词,因为传统的语法翻译法和听说法课程往往以结构大纲为基础。Ellis(1993)基于二语习得的弱界面立场提出结构大纲可以发挥两方面的作用:一方面是辅助摄入(intake facilitation),也就是说,结构大纲能够使学习者注意到语言输入中的特定目标结构和自身语言输出中的差异;另一方面,结构大纲也能作为任务的基础,帮助学习者发展显性语法知识,进而辅助摄入。

因此,Ellis认为结构大纲应当与基于意义的大纲并行共存。虽然直到20世纪70年代,大多数语言教学方法都是以结构型教学大纲为基础,但从那时起,出现了一些替代性的教学大纲。

Valdman(1982)提出"改良版结构大纲"(modified structural syllabus),指出可以在"结构—情景—功能"的基础上对传统的结构大纲进行改良。Valdman认为改良后的结构大纲应该具备五项创新特征:(1)功能导向。应当让学生知道,在以交际为目的的语言使用中,同样的语法结构能够表达不同的语用需求,另一方面,同一个言语行为也能用不同的语言结构来实现。因此改良后的结构大纲一定要将目标语言的结构特征和言语功能结合起来。(2)意念焦点。应该向学生提供表达时间、数量、所属等意念的语言意义,而不是为了教形式而教形式。(3)循环排序。大纲中语法项目的排序不应该是线性的,由于严格意义上讲,线性排列的大纲和与语言情景呈现之间的兼容性不强,因此应该采用循环式的或者螺旋式排列的大纲,并且在每个阶段对某个语言结构应掌握的情况进行具体的描述。(4)话语真实性(discursive authenticity)。Valdman认为传统的结构大纲不重视话语的真实性,尤其没有充分体现口语中的关键话语特征。因此应该在改良的大纲中增加完成不同任务所需的句式片段,以及使用不同对话策略所需的句式片段。(5)语言和风格的变化。改良后的结构大纲应当向学习者提供不同语言风格的变化方式,以适应不同的社会交际场景。

有意思的是,虽然20世纪70年代末到80年代初外语教学领域从传统教学法到交际型教学法转变,但是直至今天,语法大纲并未被完全取代,我们在很多教材和课程大纲中仍能清晰地看到语法的脉络。究其原因,语法体系自身的系统化、有序化的特点很大程度上能够解释其为什么备受青睐,而依托课程的学习,其明显优势就体现在学习的组织性上(Brumfit 1981)。因此,我们今天要探讨的不是结构大纲或语法大纲该不该存在的问题,而是应该讨论课程大纲中的结构脉络该如何呈现,该如何组织,该如何与大纲中的其他元素有机融合。

3.3   意念大纲

意念大纲(notional syllabus)也称为功能意念大纲,在这类大纲中,"语言内容是按照功能或言语行为以及所需的语言项目来安排的。例如,在不同类型的话语(即演讲或写作)中,功能可能是识别、描述、邀请、提供等。涉及的语言技能可能是听、说、读或写"(Richards & Schmidt 2010:235)。

1972年,雷丁大学的学者David Arthur Wilkins在第三届国际应用语言学大会上宣读了一篇论文,题为"语法、情境和意念大纲(*Grammatical, situational and notional syllabuses*)"。在这篇论文中,Wilkins指出语法大纲存在五方面不足:(1)知识的可应用性;(2)学习者动机;(3)语法项目的无主次化呈现;(4)语法形式优于语法意义;(5)文本的真实性。他认为"语法大纲无法为学习者提供交际能力的必要条件"(Wilkins 1972:3)。

谈到情境大纲时,Wilkins认为在实际操作中"情境"往往被植入到语法大纲中,创设出的教学情境与真实的交际情境存在差距。同时，Wilkins 认为定义"情境"是个十分困难的问题，如果将"情境"定义为物理环境，那么如何将语言使用与特定的语言环境对应起来？基于这样定义的大纲很难照顾到学生的所有语言需求。如果将"情境"的定义扩大到涵盖非可直接观察的因素，描述情境实际上就无异于描述世界、现实和生活本身，这样的定义显然也是不具备可操作性的。

Wilkins 认为，语法大纲回答的是"how"的问题，也就是说学习者如何用目标语表达自己。而情境大纲回答的是"when"或"where"的问题，也就是说学习者在何种情境下需要用到目标语言。而真正应该回答的问题是"what"，也就是说学习者应该能用目标语表达哪些意念。不同类别学习者的语言使用的需求就不限于在该情境中通过学习应实现的功能，而应是学习者需要表达的意念，这样就可以根据学习者的语义表达需求来安排语言内容。

Wilkins 提出两个意念类别："语义—语法"类和"交际功能"类。其中"语义—语法"类包括 6 项：时间、数量、空间、物质、格、指示功能。"交际功能"类包括 8 项：措辞、道德评判、诉求、论说、理性阐述、个人情感、情感关系、人际关系。Wilkins 认为意念大纲的价值在于它促使人们思考所有教学内容的交际意义，在这个框架下，人们能够根据交际行为的本质来决定教学重点。1976 年，Wilkins 的著作 *Notional Syllabuses* 出版，他进一步将意念类别细分为三类："语义—语法"类、"情态"类和"交际功能"类。

1981 年著名学术刊物 *Applied Linguistics* 发表了一组关于意念大纲的专栏评论文章，其中 Wilkins 提到人们关于意念大纲常见的两个误区：一个误区是认为意念大纲忽略语法在语言学习中的作用，Wilkins 认为学习者不可能脱离对语法的系统性掌握而发展其语言交际能力。另一个误区是认为意念大纲重视口语能力和产出性技能的培养，Wilkins 强调意念大纲的基本原则是选择契合学习者需求的教学内容，包括口头和笔头的内容，既用以提升产出性技能，又用以提升理解性技能。

任何一个创新都难免遭到批判和质疑，意念大纲也不例外。Brumfit（1981）认为虽然 Wilkins 指出意念大纲中的"意念"是可定义、具体化的，但是在实际操作过程中对意念的列举可能难以穷尽。同时，Brumfit（1981）认为意念大纲过于强调意念学习，这样会弱化语言学习的内容，从而影响课程目标和学习者动机。Paulston（1981）也对意念大纲提出了质疑，认为意念大纲的设计缺乏理论基础，未能说明语言学习的神经学、心理学和社会学机制。同时，Paulston 认为语言形式具有生成力，而意念没有。她认为以语言形式为基础的大纲能够生成出无限的意义和各种功能，而有限的意念列表则不具备这样的生成性。再者，Paulston 认为意念大纲过于重视目标语言而忽略了交际能力培养中的跨文化能力培养。

不管怎么说，意念大纲的问世在英语教学界产生了非常深远的影响。2006 年，在意念大纲发表 30 周年之际，Keith Johnson 发表文章称赞其跳出结构大纲的桎梏，他写道"毫不夸张地说，这个想法像龙卷风一般席卷了当时守旧古板的课程大纲设计界"（Johnson 2006：415）。如今我们翻看目前在使用中的国内外英语教材，仍然能看到很多教材的编写框架中都涵盖了"功能—意念"的元素，可见意念大纲的影响之深远。

3.4 词汇大纲

词汇大纲(lexical syllabus)"按照目标语言中最重要、最频繁或最有用的词汇项目来安排教学,词汇大纲通常按照词汇级别来组织的(例如,前 1 000 词,第二组 1 000 词,等等)"(Richards & Schmidt 2010: 338)。提出词汇大纲的学者是 Dave Willis(1990)。这个课程大纲的设计主要依托 COBUILD 语料库,采用词汇大纲设计的代表课程为 *Collins COBUILD English Course*(Willis & Willis 1988)。

Willis 认为,在传统的英语课程和教材中,课程和教材开发者过于重视语法。为了呈现语法现象而对真实的语言进行人为的简化和加工,从而损伤了语言的真实性,其教学效果也不尽如人意。例如,学习者过度重视教学语法,注重动词的用法,过度重视介词涉及时间和空间的基础用法。此外,编写者通常根据直觉来安排教材中的词汇内容,而直觉往往不可靠,课本上呈现的未必是真实语言使用中频率最高的单词和短语。

COBUILD 项目通过对语料库的分析发现:最常见的 700 个词占据了英语文本的 70%;最常见的 1 500 个词占据了英语文本的 76%;最常见的 2 500 个词占据了英语文本的 80%。基于这一发现,在 COBUILD 语料库中最常用的约 700 个单词被用于 *Collins COBUILD English Course*(Level 1)。该课程的第二级中增加了 850 个词,第三级中增加了 950 词。总共达到 2 500 词。

Willis 将课堂活动分为三类:引用(citation)、模拟(simulation)和复制(replication)。其中引用活动的目的是为学习者示范目标语言;模拟活动貌似真实交际,但是其真实目的是展示对语言点的掌握情况;而复制活动的重点在于达成交际目的,类似的课堂活动包括游戏、解决问题、收集信息等,让学生使用语言完成真实的交际。Willis 提出第三类教学活动是贯穿于词汇大纲的教学法基础,具体而言包括三个小环节:

(1)任务:学习者完成一个复制活动,其重心在于语言使用而不是展示语言形式。例如,让学生相互访谈,然后根据访谈中获取的信息为同学画族谱图。

(2)计划:学习者准备向全班展示前一个活动环节的发现。在这个阶段教师帮助学生进行语言纠错、更正语言表达等。例如,教师帮助学生意识到在班级作报告所需要使用的语体特征,并且帮助学生打磨讲稿,使其接近正常交际情境中所接受的语言风格。这个过程会涉及对语言形式的关注,但是这种关注不是由教师的意志决定的,而是与随后的报告阶段密切相关的。

(3)报告:学习者呈现他们的访谈发现。这个环节的重心一方面是交际结果,一方面是达到交际场景所需的语言准确程度。例如,学习者在班级中汇报访谈发现(同学的族谱图)的任务是公共的、经过演练的、总结性的,学习者应当采用正式性和准确性较高的目标语言形式进行汇报。

从整体教学设计来看,词汇大纲包括六个要素:

① 介绍(introduction):在交际语境中让学生初步接触目标语。

② 任务(task)。

③ 计划（planning）。

④ 报告（report）。

⑤ 听或读（listening/reading）：学生在已经熟悉语境的情况下，有机会听到或者读到目标语言形式的文本。

⑥ 分析（analysis）：意识提升练习，让学生对接触到的语言进行规则的概括。

由于词汇大纲是依托语料库开发出来的，其中呈现的信息详细具体，包括大约 700 个单词的语料库数据单，因此整本大纲特别厚，有几百页。从教材内容的编排而言，编写者先根据 700 个单词的语料库数据单，向英国国内和海外的英语教育机构征求教学主题，然后进行主题的遴选。接下来根据选定的主题设计一系列任务，并且邀请受过良好教育的英语本族语者在录音棚中完成任务并录音，这些录音的转写文本即为教材编写的文本库。教材编写者根据对文本和任务难度的经验判断安排教材内容的顺序，随后根据试用试教的结果对教材内容的排序进行调整。

虽然词汇大纲中的课堂活动是以任务的形式来组织的，但是可能是因为词汇大纲这个提法听上去似乎偏重词汇教学，因此很容易被误归为综合型大纲（如 Long & Crookes 1992）。但是笔者认为词汇大纲对外语课程大纲发展的贡献率不亚于"功能—意念"大纲，具体表现在：首先词汇大纲通过语料库的技术手段有效保障了课程中语言输入的真实性，也为合理安排课程内容提供了依据；第二，词汇大纲的开发者真正做到了在任务设计中融合语言目标，这十分考验大纲设计者的智慧和能力。但是，词汇大纲也有美中不足的地方，主要体现在其依托的 *COBUILD* 语料库在建库时并未专门考虑语言使用者的年龄，而目前国内外英语学习初始阶段的学习者大多是儿童。我们知道，儿童使用语言的需求、语境和语言使用的特点和成年人都有很大的区别。因此，如果在课程的初级阶段能够参照儿童语料库，其语言输入的真实性会更高。

3.5　基于任务的大纲

3.5.1　早期的尝试

外语教育领域早在 20 世纪 60 年代末就有关于 B 类语言课程大纲的尝试，但是因为项目规模不大、教学材料的推广度不高等原因，其教学理念的传播范围和影响都受到限制。例如 Leonard Newmark 和 David A. Reibel 在语法教学中发起的最少语言教学项目（minimal language teaching program），就倡导不根据语言结构对教学材料定级和排序，而是根据情境组织教学材料。强调在真实可信的情境下学习使用语言（Newmark & Reibel 1968）。以下是该项目中的教学材料示例（Newmark & Reibel 1968: 163 - 164）。

Pretexts

1. (*Galathea and her friend are at the cafeteria and Galathea sees Hector looking for her. She is mad at him and doesn't want to speak to him.*)

   Galathea：(*in a low voice*) Pretend that you don't see anyone.

Friend： (*surprised*) Why? I don't see anyone.

Galathea： (*impatiently*) Hector's looking for me，and I don't want to talk to him.

Friend： Well，anyway，I don't think he will notice us.

2. (*same situation*)

Galathea： (*whispers*) Pretend that you don't hear anything.

Friend： (*surprised*) Why? I don't hear anything!

Galathea： (*urgently*) Hector's calling me and I don't want to see him.

Friend： In any case，I think that he's noticed us.

3. (*During class，Galathea is not listening and the teacher is glaring at her. Hector tries to get her to pay attention.*)

Hector： (*out of the side of his mouth*) Hey，pretend to be listening.

Galathea： (*yawning*) Why? I'm too tired.

Hector： (*urging*) The teacher is looking at you and he can see you are not paying attention.

Galathea： (*indifferent*) Well，anyway，he doesn't think I'm very intelligent.

4. (*At the library. Hector and his buddy see Galathea coming in their direction. Hector's buddy can't stand Galathea and wants to avoid her.*)

Buddy： (*urgently*) Quick，pretend that you're studying.

Hector： (*surprised*) Why? That's what I am doing.

Buddy： (*insisting*) Galathea is coming this way and I don't want to talk to her.

Hector： Well，anyway，I don't think there's any room.

当学生能够熟练、自然地开展以上对话时，教师鼓励学生用所习得的语言进行新的运用和组合，如以下对话：

Conversation 1

(*You are on the bus with a friend and spot Jules you owe some money. Your friend is about to call over to Jules.*)

You： [Tell your friend to pretend that he is looking out of the window.]

He： [Asks you why，he's about to call over to Jules.]

You： [Tell him that Jules is looking for you，that you owe him money.]

He： [Says O.K.，but not to worry，Jules has probably not noticed you.]

Conversation 2

(*You and your boyfriend are at a night club，and you spot your ex-fiancé across the room.*)

You： [Tell your boyfriend to pretend to be talking to you.]

He： [Says that is exactly what he's doing.]

> You：[*Say that an old friend of yours is sitting across the room，and you don't want him to notice you.*]
>
> He：[*Says not to worry，in any case it is too dark here to see anything.*]

从以上教学材料示例中可以看出，Newmark 和 Reibel 的课程创新试图摒弃传统的以语言项目为纲的做法，以情境为主线的设计极大地突破了传统的大纲设计模式，其设定的情境具有较高的真实性和带入感，有助于激发学生的学习动机。在当时的历史条件下无疑是一大进步。但是，笔者认为该项目的实践与发起人所述的教学原则存在不一致之处，具体体现在：第一，四个不同情境中的对话均涉及相似的语言功能，如发出请求、表达疑惑、提供解释、给予安慰等；也涉及相似的词汇或语块运用，如 pretend that ...、why、anyway 等。因此，很难说教学设计是完全脱离语言主线的。第二，教材样例中呈现的两项对话练习均明确指定了要表达的内容，Newmark 和 Reibel 认为这样有助于减少学生直接翻译的冲动，但是这样的设计明显背离了使用语言自如表达的初衷，这样的练习似乎更有利于诱导学生产出前面练习过的目标语言。因此，Newmark 和 Reibel 的课程创新本质上来说并没有完全如他们所声称的那样"突破以语言项目为纲的框架"。

3.5.2 程序型大纲、过程大纲和任务大纲

Long 和 Crookes(1992)指出有三种大纲可以称之为任务型大纲，分别是程序型大纲（procedural syllabus）、过程大纲（process syllabus）和任务大纲（task syllabus）。

3.5.2.1 程序型大纲

提到程序型大纲（procedural syllabus），就不得不提到与之密切相关的著名应用语言学家 N. S. Prabhu 和他在印度南部开展的教改项目——班加罗尔项目（Bangalore Project）。在班加罗尔项目实施前，印度的学校广泛提倡用"结构—口语—情境（Structural-Oral-Situational，S-O-S）"教学法进行英语教学改革，包括四点理念：（1）采用根据语法结构和词汇定级的大纲；（2）对新授内容给予情境化的呈现；（3）对听说读写四种语言能力给予平衡的关注，但是听说先于读写；（4）大量的控制型操练。

Prabhu 关于语言学习的核心假设是"关注意义是学习语言结构的最佳条件"。根据这一假设，他认为一方面要转变教学内容的组织形式，应当摒弃传统的围绕语言大纲安排课程内容的方式，而应该以程序型的大纲，即由任务组成的大纲来作为安排课程内容的依据；另一方面要摒弃传统的教学程序，教师与学生的互动应该像家长与学习母语的孩子互动那样，教师不强求学生进行语言产出，而是会像母语学习那样有一个"静待花开"的过程（详见 1.3.1）。

在程序型大纲中，一个系列的任务按照复杂性进行排序，位于后面的任务会包括前面的任务，涵盖更多的信息，或者对前面的推理进行拓展。在同一个复杂度层级上，通常会有不止一堂课，视学生在每堂课的表现，逐渐完成从口头表达任务到笔头表达任务的过渡。同样，任务系列之间的排序依据常识判断和过往经验来决定，根据每次任务复用的情况进行调整。

Prabhu 的程序型大纲及其班加罗尔项目是英语教学史上最早的系统性使用任务的教学大纲，具有十分深远的意义，具体表现在：第一，程序型大纲的理论设想从根本上颠

覆了印度传统的英语教学理念,在交际中教学,而非为了交际而教学。第二,班加罗尔项目完整地、系统地实现了"理论设想—制定大纲—实施教学—开展评估"的全套流程,为校本英语教学改革提供了参照范本。第三,班加罗尔项目组通过发表论文和出版专著等形式留下了完整翔实的记录,例如 Prabhu 出版的专著 *Second Language Pedagogy* 的附录中包括两堂课的完整录音转写,为后续研究该项目提供了数据支撑。

3.5.2.2　过程大纲

过程大纲(process syllabus)也是任务型大纲的一种,其代表学者是 Michael Breen。Breen 指出,"过程大纲关注的问题是:谁和什么人一起? 在哪个学科领域? 使用什么资源? 何时? 怎样? 为了达到怎样的学习目标? 做什么?"(Breen 1984: 56)。Breen 认为应该在过程大纲中融入内容大纲,以内容大纲作为教学目标的外部检验和参照。他认为传统的教学大纲倾向于把语言作为学科知识来教,主张应该把课程的重心从学习内容转到学习过程和课堂的潜力上来,课程大纲本身不是对学习活动的描述,而应该是为课堂学习活动的发生提供预设。

根据 Breen(1984)的观点,在过程大纲中,师生共同决定一系列与课堂语言学习相关的事项,主要包括紧密联系的三个方面:参与、程序和学科知识。有关"参与"事项具体来说是关于"谁和什么人一起",也就是涉及课堂互动的形式,如教师和全班互动、教师和学生小组互动、学生独立活动、结对活动等等。

有关"程序"的具体事项包括"谁和什么人一起做什么事,用到什么资源,什么时候做,怎么做,为什么做"这一系列问题。具体来讲,包括:课堂中完成什么活动或任务? 完成这项活动或任务需要用到哪些材料或其他资源? 需要在一堂课或者一个单元的哪个时间来完成这项活动或任务,需要多长时间? 这项活动或任务应该如何开展,包括哪些步骤? 这项活动或任务有助于达成怎样的学习目标?

有关"学科知识"的决定涉及的问题是"学习的内容是关于哪个方面?"。传统的语言教学大纲主要强调这个问题,但是内容大纲同时也关注学习该内容的目的。内容大纲会根据学习内容提出大致的学习目标,在课堂上,教师和学生在实际开展活动或任务的过程中能够发现更为具体的学习目标。例如,学生在之前的某个任务中发现某个时态的动词变化挺重要,也容易出错,因此决定专注学习材料中的某一部分,从而发现这一时态的动词变化规律。

根据 Breen 的观点,过程大纲包括层层相关的四个层次:最高一级是关于课堂语言学习的决定(decisions for classroom language learning),也就是前面提到的关于参与、程序和学科知识的决定;其中的具体选择会成为具体某堂课的协定程序(agreed procedures);第三个层次是能够在课堂中开展的活动(activities);最后一个层次是任务(tasks),课堂教学的具体过程正是在任务这个层面得以展现。由此可见,过程大纲是一个包括决定、程序、活动和任务的框架,根据课堂的实际能够生成不同版本,需要对其中的程序、活动和任务不断进行适用性和有效性评估以保证其实施的效果,因此评估在过程大纲中具有非常重要的作用。

和以往的课程大纲相比,过程大纲是非常有创新性的设想,因为它突破了传统课程大纲的规约性和决定性的特征,在课标中赋予教师和学生很大程度的自主性和自由度,让他们能够选择教学的具体目标及其实现形式,这和传统的课标相比,无疑是革命性的进步,即便放在今天依然具有指导意义。同时,过程大纲的结构层次环环相扣,始于目标,终于任务,这样严谨的内部结构层次也十分巧妙,为解决课程大纲的布局问题提供了另辟蹊径的思路。但是,我们也应该承认,过程大纲在实践中对教师素养提出了很高的要求,因为它为教师和学生提供的是不带台词的剧本,师生需要领悟剧本的精神,花心思去填充台词的空白,共同创设出属于自己课堂的教与学的过程,这是十分有挑战性的。

值得一提的是,Long 和 Crookes 认为基于任务的大纲和基于语言形式的大纲之间是泾渭分明的,认为兼顾两者的做法不可取。他们认为有人有时候在教学材料中避免使用明显的语言操练,表面上看教学材料中有主题、情境或者最新的任务,在对话和文本中穿插出现目标语言形式,实际上这样的做法是掩饰其潜在的、孤立的、教语言形式的意图。Long 和 Crookes 认为这样的做法十分不合理,因为作者在写这样的范例时为了达到某些语言上的特殊要求,例如词汇量、时态等,会产生生硬的、不自然的目标语言范例。

3.5.2.3　任务大纲

Mike Long(2014)提出基于任务的课程大纲(task-based syllabus),他认为任何一个课程都应明确三个基本要求:(1)语言单位(如词汇、结构、意念功能等)或非语言单位(如话题、情境、任务等)的类别;(2)课程内容;(3)课程内容的顺序。Long 认为,与传统课程大纲不同的是,任务型课程大纲的基本单位是任务,确定任务的关键在于需求分析。

根据 Long 的观点,任务型课程大纲来源于对学生的需求分析,但是他认为由需求分析产生的任务数量太多,直接把目标任务(target tasks)放进时间有限的课程中显然不现实,因此应当对任务进行归类,形成目标任务类别(target task types)。同时,Long 认为目标任务类别比较抽象,在课程大纲设计中应将其转化为教学任务(pedagogic tasks),再根据对教学任务的分类和排序设计教学大纲。具体设计步骤和流程详见 1.3.4。

Long 举例以空乘人员的交际需求为例,通过需求分析能产生很多目标任务,这些目标任务经过抽象归类可以细分为三个任务类型,这三个抽象的任务类型再经过转化,能够变成具体可操作的教学任务及其教学材料,对这些教学任务进行排列之后就能形成任务型教学大纲。可以看出,在这个过程中,两个环节至关重要:一是课程大纲设计流程前端的需求分析,要根据教学对象的现实需求确定目标任务;另一个环节是将抽象的任务类型转换为切实可行的课堂教学任务,即老师能够在课堂中实际使用的教学活动和教学材料。

Long 认为教学任务是对目标任务的简化。具体来说,可以分解目标任务的内容、步骤等,将其简化为教学任务。例如,如果目标任务是填写表格,那么可以通过分解表格的内容,将目标任务细化为若干个教学任务,包括:填写基本信息、填写教育经历、填写工作经历等。再如,如果目标任务是做访谈,可以通过分解这项工作的步骤和流程,将其细化为一系列教学任务,包括联系访谈对象、安排访谈时间地点、记录访谈过程等。除此之外,简化目标任务的方式还包括通过前置任务激活学生的背景信息来辅助教学任务的开展。值得一提的是,Long 认为一个单元中的最后一个教学任务可以是目标任务,这个环节可以用来评估学生在目标任务中的表现。

3.5.3　模块化课程大纲

Ellis(2019b)提出使用任务的模块化课程(a modular language curriculum for using

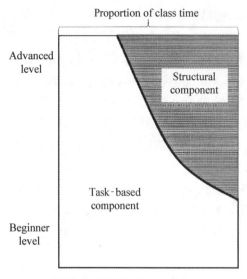

图 3.2　模块化大纲示意图
(Ellis 2019b: 464)

tasks)。他认为,虽然很多人将任务支持型教学和任务型教学视作互不兼容的教学手段,在不具备纯任务型教学条件的环境中,可以将两者结合起来。模块化课程包括独立的基于任务的模块和基于结构的模块,如图 3.2 所示。在学习的初始阶段,课堂上全部采用基于任务的模块;随着学习者语言水平的提升,课堂上逐渐增加基于结构的模块;到高水平阶段,课堂上基于结构的模块占比高于基于任务的模块。

Ellis 认为这样的课程框架符合语言习得的规律,其特色在于一旦学生具备一定的基础语言水平,课程框架中包括的结构模块能够作用于残存的语法问题。同时,他认为,虽然基于任务的模块和基于语法的模块在课程大纲层面是相互独立的,在方法层面可以通过任务支持型教学或者意识提升任务将两者融合起来。在两个模块的具体内容上,Ellis(2019b: 469)认为"任务的选择和分级没有特定的算法",对于长期课程大纲的设计者来说,既要参考已有的研究成果,也要依靠已有的经验和直觉。同时,Ellis 认为在模块化的课程大纲中,基于结构的部分应当是语法清单,而不是语法大纲。具体来说,教师有权利决定选择教哪些项目。语法清单能够帮助教师对照观察学生在交流中能否准确地使用某项语法项目,特别是那些通过附带学习掌握得不理想的语言点,然后有针对性地进行干预。Ellis 认为这样可以防止学生将注意力过度集中在语言形式上,但是也指出这样的课程大纲对教师的专业化水平提出了较高要求。

3.5.4　TATE 大纲

TATE 是"文本""分析""任务"和"探索"(text, analysis, task, exploration)这四个英文单词首字母的缩写。TATE 课程模式由 Anderson 于 2020 年提出,他认为 Ellis 的模块化课程框架存在两个不足:第一,该框架优先体现任务型教学,但是缺乏足够的说明;第二,该框架对词汇教学的讨论不足。他认为"语境—分析—练习(context-analysis-practice)"的范式是当前弱版本交际型教学法中最普遍的模式。其中"语境"指"通过文本(听力、阅读、视频)确立语境,也就是(在课堂上或者通过视听资源)营造某种情境,或者带动学生参与"(Anderson 2020: 6)。"分析"指"引导学生注意到文本的特征,并就其意义、形式、发音和用法(语法、功能、词汇、文本)进行显性的讲解"(Anderson 2020: 6)。"练习"指"学习者使用语言展开练习。包括针对分析过的语言特征进行控制性较强的和自由度较高的练习,搭支架的和独立的文本构建,或者使用交际型任务"(Anderson 2020: 6)。

具体而言,该模式的文本阶段(Text)包括一篇阅读或听力文本或者以拼图式阅读呈现的多篇文本。接触文本之前可以设置词汇学习环节(如头脑风暴),或者激活图式的活动(如主题讨论),正式接触文本的读或者听的任务以意义交流为主。读后的意识增强任务(awareness-raising task)是文本阶段和分析阶段的过渡。

该模式的第二阶段是分析(Analysis)。这个阶段包括对文本中包括的、后面的任务环节中会用到的语法或词汇特征进行分析。通过意识增强任务,学生能够注意到该项语言特征,随后通过开展教学活动帮助学生形成对该项特征的显性语言知识。这里的教学活动可以是显性的,也可以是隐性的;可以是教师主导的,也可以是学生主导的,遵循降低认知负担的原则。

接下来的任务阶段(Task)被视为学生进行有意义的、广泛的产出技能练习的机会,这个阶段的任务可以是口语任务,也可以是笔头任务,也可以拓展为持续一节课以上的项目式任务。虽然这个阶段的重点是语言产出,但是融合运用接受型技能(读和听)。任务阶段学生可能会用到前面分析阶段学习过的语言点,这一阶段在保证意义交流的前提下可以对学生给予语言形式方面的支撑。

最后一个阶段为探索(Exploration),包括任务结束后对与任务有关的某些方面进行深挖和拓展的活动,例如实施"元任务",也就是反思学生的任务表现及其效果的活动,可以包括四个步骤:(1)对任务表现和任务完成情况进行自评、互评或者师评;(2)以学生为中心的展示、对展示的作品进行同伴评审或者在线发表;(3)回应学生在完成任务时暴露出来的语言问题;(4)计划下一课的内容。

Anderson 认为 TATE 模式所提供的是技巧融合的、任务支撑型的课程框架,旨在协同显性教学和隐性教学。他认为这一课程模式适用于中学、大学和成人的一般外语教学,但未必适用于低年段的和高水平的外语教学。

3.6　指向发展核心素养的课程大纲

进入新世纪以来,随着全球化、信息技术和知识经济的迅猛发展,人们的生产方式、学习方式和生活方式发生了日新月异的变化,世界上很多国家和国际组织都在调整自己的教育政策,研制、颁布和实施以核心素养为 DNA 的课程标准(邵朝友等 2015),来培养符合未来经济社会发展需求的公民。

3.6.1　核心素养概念提出的背景

最早提出也最有影响力的核心素养框架是经济合作与发展组织于 2005 年颁布的《素养的界定与遴选》(*The Definition and Selection of Competences*, DeSeCo)。如图 3.3 所示,经合组织的学生核心素养框架包括三个大类:第一,能认识、利用和改造信息技术等物理工具和语言等社会文化工具与环境进行有效互动;第二,在相互依存度不断加深的世界,能够与来自不同背景的人相处,能在异质性社会团体中互动;第

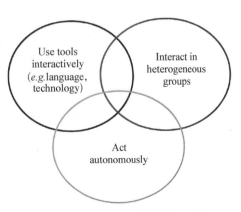

图 3.3　OECD 的核心素养框架示意图

三,能设计规划人生并为其负责,能置身于大的社会环境中自主行动(OECD 2005:5)。

2006 年欧盟颁布《促进终身学习的核心素养——欧洲框架》(*The Key Competences for Lifelong Learning — A European Framework*)。在欧盟的核心素养框架中,"素养"被定义为"与情境相契合的知识、技能和态度的总称。是所有个人在自我发展、社会参与、社会融入和工作就业中所需要的能力和品格"(European Communities 2006:3)。欧洲框架列出核心素养的八项核心能力,具体是:(1) 用母语交际的能力;(2) 用外语交际的能力;(3) 数学能力和基础科技能力;(4) 数字能力;(5) 学会学习的能力;(6) 社会和公民能力;(7) 创新创业精神;(8) 文化意识与文化表达。在欧盟的核心素养框架中,这八项核心能力中的每一项对于个人在知识社会中赢得成功都至关重要,它们相互重叠,互为依存:一个素养领域中的关键方面会支撑另一个领域素养的发展。基础的语言能力、读写能力、计算能力和信息技术能力是学习的重要基础,学习的能力是所有学习活动的支撑。

美国于 2002 年正式启动 21 世纪核心技能研究项目,创建美国 21 世纪技能联盟(Partnership for 21st Century Skills, P21)。该联盟于 2007 年发布《21 世纪学习框架》(*Framework for 21st Century Learning*),旨在通过开发一套关于 21 世纪学习的统一、共通的理念,以帮助教育实践者将适应 21 世纪的技能融入到学科教学中。如图 3.4 所示,美国的 P21 框架呈彩虹形,包括六个要素,分别是:(1) 核心课程,具体来说是美国中小学阶段的核心课程,包括阅读或语文(verbal)、数学、科学等;(2) 21 世纪内容领域,包括一些新兴的、学校课程尚未涉及的,但是有助于个人在群体和单位取得成功的关键内容领域,包括:全球意识,金融、经济、商业和创业素养,公民素养,身心健康意识;(3) 学习和思维技能,包括思辨能力和解决问题的技能、交际能力、创造和创新技能、合作技能、情境学习能力、信息和媒体技能;(4) 信息与通信技术素养,指在学习核心课程的情境下,使用技术学习 21 世纪知识和技巧的能力;(5) 生活技巧,包括领导力、责任心、道德心、交际能力等;(6) 21 世纪评价,真正的 21 世纪评价是前面五个要素的必要基础。要使评价有效、可持续、经济,必须使用现代技术以保证评价的时效和效率,同时,要平衡高质量的标准化测试和有效的课堂测试,帮助学生掌握通向成功的知识和技能。

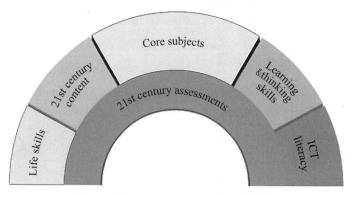

图 3.4　美国《21 世纪学习框架》示意图

澳大利亚于 2008 年颁布《澳大利亚核心技能框架》(*Australian Core Skills Framework*, ACSF),并于 2012 年对该框架进行修订。修订后的框架包括五项核心技能：学习、阅读、写作、口头交流和计算（Commonwealth of Australia 2012）。澳大利亚的核心技能框架从三个维度对这五项核心技能进行描述：第一个维度是表现水平，包括从低到高（1—5）五个水平；第二个维度是影响表现的四个变量，即支持、情境、语篇复杂度和任务复杂度；第三个维度是交际的三个领域，即个人和团体领域、单位和职业领域，以及教育和培训领域（Commonwealth of Australia 2012：5）。

新加坡于 2010 年颁布《21 世纪核心素养和人才培养目标框架》（*Framework of 21st Century Competences and Student Outcomes*）（Ministry of Education Singapore 2010）。如图 3.5 所示，这个框架的核心是价值观，价值观是知识和技能的基础。价值观决定一个人的品格，塑造其信念、态度和行为，因此是新加坡 21 世纪核心素养框架的精髓。该框架的中间一环强调社会及情感素养，具体来说，包括自我认识、自我管理、关心关爱他人、建立积极的人际关系、负责任地决策的能力。新加坡框架的最外一环代表在全球化世界生活的必备素养，包括：公民素养（civic literacy）、全球意识和跨文化技能；批判和创造思维；交流、合作和信息技能。该框架旨在最终培养自信、自驱、积极、有关切心的学习者和公民。

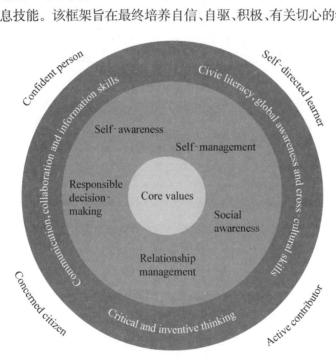

图 3.5　新加坡《21 世纪核心素养和人才培养目标框架》示意图

芬兰于 2014 年颁布《国家基础教育核心课程》（*National Core Curriculum for Basic Education* 2014），提出"横贯能力框架"（transveral competences），包括七项横贯能力：思考和学会学习的能力、文化交际和自我表达的能力、照顾自我和管理日常生活的能力、多元读写能力、信息与通信技术能力、职场能力和创业精神、参与和创造可持续发展未来的能力。

2014 年 3 月，我国教育部发布《关于全面深化课程改革 落实立德树人根本任务的意见》，指出"要根据学生的成长规律和社会对人才的需求，把对学生德智体美全面发展总体要求和社会主义核心价值观的有关内容具体化、细化，深入回答'培养什么人、怎样培养人'的问题"。意见提出"教育部将组织研究提出各学段学生发展核心素养体系,明确学生应具备的适应终身发展和社会发展需要的必备品格和关键能力,突出强调个人修养、社会关爱、家国情怀,更加注重自主发展、合作参与、创新实践。"

2016 年 9 月,教育部核心素养研究课题组在北京师范大学发布了"中国学生发展核心素养总体框架"及基本内涵。如图 3.6 所示,该模型以培养"全面发展的人"为核心,分为文化基础、自主发展和社会参与三个方面,综合表现人文底蕴等六大素养,具体细化为国家认同等十八个基础要点。具体来说,"文化基础"表现为人文底蕴和科学精神,重在强调能习得人文、科学等领域的知识和技能,掌握和运用人类优秀智慧成果,涵养内在精神,追求真善美的统一,发展成为有宽厚文化基础、有更高精神追求的人。"自主发展"表现为学会学习和健康生活,重在强调能有效管理自己的学习和生活,认识和发现自我价值,发掘自身潜力,有效应对复杂多变的环境,成就出彩人生,发展成为有明确人生方向、有生活品质的人。"社会参与"表现为责任担当和实践创新,重在强调能处理好自我与社会的关系,养成现代公民所必须遵守和履行的道德准则和行为规范,增强社会责任感,提升创新精神和实践能力,促进个人价值实现,推动社会发展进步,发展成为有理想信念、敢于担当的人(核心素养研究课题组 2016:1-2)。"六大素养之间相互联系、互相补充、相互促进,在不同情境中整体发挥作用"(林崇德 2016:15)。

图 3.6　中国学生发展核心素养总体框架
(核心素养研究课题组 2016:1)

3.6.2　课程核心素养

2018 年 1 月,我国教育部颁布《普通高中英语课程标准(2017 年版)》,2022 年 4 月,教育部颁布《义务教育阶段英语课程标准》。相对于教育部 2003 年印发的普通高中课程标准实验稿以及 2011 年版义务教育课程标准,新课标的一个重要变化是基于英语学科的本质凝练课程核心素养,即"课程育人价值的集中体现"(教育部 2022:4)。核心素养"明确了学生学习英语课程后应达成的正确价值观念、必备品格和关键能力,对知识与技能、过程与方法、情感态度价值观三维目标进行了整合"(教育部 2018:3)。新版课程标准提出英语课程核心素养主要包括语言能力、文化意识、思维品质和学习能力。其中语言能力指"运用语言和非语言知识以及各种策略,参与特定情境下相关主题的语言活动时表现出来的语言理解和表达能力"(教育部 2022:4)。文化意识指"对中外文化的理解和对优秀文化的鉴赏,是学生在新时代表现出的跨文化认知、态度和行为选择"(教育部 2022:5)。思维品质指"人的思维个性特征,反映学生在理解、分析、比较、推断、批判、评价、创造等方面的层次和水平"(教育部 2022:5)。学习能力指"积极运用和主动调适英语学习策略、拓宽英语学习渠道、努力提升英语学习效率的意识和能力"(教育部 2022:5)。

关于课程核心素养四个部分的关系,新课标中指出"语言能力是核心素养的基础要素,文化意识体现核心素养的价值取向,思维品质反映核心素养的心智特征,学习能力是核心素养发展的关键要素。核心素养的四个方面相互渗透,融合互动,协同发展"(教育部 2022:4)。

3.6.3　发展核心素养的外语教学

从这一节的介绍中我们不难看出,在国际组织和国家层面的核心素养框架中,语言能力都占据十分重要的位置,是发展其他能力的前提和基础。同时,语言能力与其他能力相互依存,相辅相成。同时,由于国际组织和各个国家制定核心素养框架的基本出发点都是定义和描述新世纪的新兴行业、新兴生活和生产模式对未来社会公民的能力和素养要求,核心素养框架对语言能力应用场景的要求也提升到了一个新的层次。如对人类命运共同体的理解与实践,在全球多极化背景下坚持中国特色社会主义道路自信的能力,在全球化背景下的文化理解、文化表达和文化自信,对新兴领域知识的学习理解和融会贯通能力,面对复杂形势和问题的思辨能力和决策能力,参与公共事务和维护公共秩序的能力,善用技术的能力,在异质化群体中沟通合作的能力等,这些交际情境,以及这些情境下我们面临的任务都对我们的语言能力以及与语言密切相关的文化意识、思维品质和学习能力都提出了新的要求。

结合前面对显性语言知识和隐性语言知识的介绍来看,核心素养框架下的显性语言知识是与未来社会经济社会发展内容领域和任务情境密切相关的,可意识、可言说的对语言规则和片段的知识;核心素养框架下的隐性语言知识是与未来社会经济社会发展内容领域和任务情境密切相关的,下意识的,不可言说的语感和表达能力。其中不仅包括传统研究比较深入的语法知识、词汇知识和语音知识,也包括研究还不够充分的语用知识和语篇知识。

由此可见,指向发展学生核心素养的外语教学应当注重显性语言知识和隐性语言知识的有机融合发展,应当根据经济社会的发展现状和未来需求在外语教学中创设交际语境、培养文化意识、融合技能培养、贯通知识领域。在推进和落实新课标的过程中,我们应当认真思考传统的课程内容和教学模式取得了哪些成效,存在哪些问题,该如何进行与时俱进的调整升级。

3.6.4　发展核心素养的英语课程大单元教学设计原则

2022 年是我国基础教育课程改革大年。随着教育部新版《义务教育英语课程标准》的颁布,教师的教育方式和学生的学习方式都将发生深刻的变革。新版课程标准中提出义务教育英语课程的总目标是"培养学生适应未来发展的英语课程核心素养",对培养学生的语言能力、文化意识、思维品质和学习能力提出了明确要求。教学改革成功与否的关键在于教师(Fullan 2014)。对一线教师来说,在将课程核心素养的要求转换成教学实践的过程中,其中最为关键的问题是学深悟透新课程方案和课程标准精神,转变观念,将课程标准的新理念和新要求落实到教学设计和教学实践中。

单元是体现教学设计结构化和落实核心素养整体化的基本单位。单元将教材或学习经验构成相对独立的有机单位,从而使学生的学习活动形成段落(钟启泉 2015a)。钟启泉认为单元包含两个侧面:一个侧面聚焦单元设计,即依据学生的思维结构和过程,进行教材和学习活动的程序设计;另一个侧面聚焦单元教学实施,即依据单元计划指导学生的思维活动,以形成一定的概念或技能(钟启泉 2015a)。崔允漷(2019b: 1)认为单元学习应该是"一个完整的学习故事",提出大单元设计应把握六个问题,即:单元名称、课时、单元目标、学习过程、作业与检测和学后反思。可见,我们对单元的认识应该把握设计和实施两个层面,在这两个层面上均应关注涉及学生学习体验的若干关键要素。

教育学领域的单元设计有两种思路(钟启泉 2015b):教育技术学思路和建构主义思路。其中教育技术学的单元思路旨在回答单元设计的"三设问",即"到哪里去?""怎样才能实现目标?"和"怎样实现目标?",也就是在单元设计中厘清目标、方法和评价的设计。而建构主义的单元设计思路则关注情境、协同、支架、任务、发展和反思六个基本要素。

在外语教学研究领域,对单元设计的关注通常体现在对教学大纲设计(syllabus design)的探索,已经具有丰富的研究积累。外语教学大纲根据不同的分类标准可以归为不同的类别,比较常见的分类是将其分为综合型大纲和分析型大纲(Wilkins 1974,1976)。虽然外语教学理论和实践研究领域对单元教学设计方案的探索不断深入、推陈出新,但是这些拿到中国外语教学的环境中看仍有不少"水土不服"之处。党的十八大提出"立德树人"的教育目标,新课程标准提出发展核心素养的要求,这些理念的落实需要我们从前人的研究中汲取智慧,立足中国实际,切实探索具有中国特色的、体现英语课程育人特征的单元设计方案。

根据《义务教育英语课程标准(2022 年版)》的要求,单元是承载教学主题意义的基本单位,是课程内容的基本组织形式。单元设计和实施应涵盖课程内容的六个要素,即主题、语篇、语言知识、文化知识、语言技能和学习策略,应围绕课程六要素,推动实施学习理解、应用实践和迁移创新三类学习活动,从而达成单元学习后学生课程核心素养的综合表现。

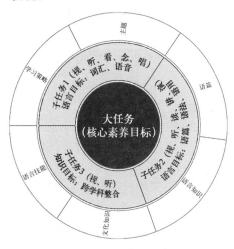

图 3.7　新课标中的大单元设计示意图

如图 3.7 所示,我们认为新课标理念指导下的大单元设计应当在社会主义核心价值观的引领下,紧贴学生的外语使用需求,创设单元主题意义下的大任务,即能够综合体现学生价值取向、必备品格和关键能力,在学生当前或今后的生活中会做的某件事情。然后通过语篇支撑的子任务层层推进,融合渐进地学习到解决大任务所需的语言知识、文化知识、语言技能和学习策略,从而逐步具备解决单元大任务的综合素养,并最终完成单元大任务。

根据新课标的理念和要求,我们认为指向发展学生核心素养的大单元设计应遵循以下六个原则。

原则一:育人价值有机渗透

大单元设计应重视英语学科的育人价值,注重将社会主义核心价值观有机融入教学内容。这里有个需要突破的难点问题,就是如何减少说教式的灌输,做到"盐溶于水""润物细无声"的价值融入。从社会符号学的角度来看,价值观的形成需要经历三个阶段:情境导入、价值判断和行为发生(Feng 2019)。单元教学设计中需要将社会主义核心价值观的"24 字要求"转化为可观测的行为规范,在教学中创设交际场景,通过人物价值判断和行为发生引导形成正确的价值观,发挥教学的铸魂育人功能。

例如,教育部 2015 年颁布的《中小学生守则》对落实社会主义核心价值观提出了 9 个维度共 37 个方面的行为规范要求。这些框架性的行为规范要求就可以在教学设计中作为价值观培育要点加以利用。举个例子,图 3.8 是《英语 一年级上册》第一单元的首页图,创设的是小朋友早上在校门口和老师打招呼的场景,这是学生的日常交际中非常熟悉的场景。从画面中不难看出学生和老师的表情和肢体语言都是愉悦的,说明大家是从内心赞许见面问好这一行为的,明确了价值判断。当然,画面中也体现了"尊敬师长、友爱同学"这一育人价值点的行为发生。因此这个活动设计体现了"情境导入—价值判断—行为发生"的完整链条,更有利于价值观培育。

图 3.8 教材中的设计示例

原则二:目标评价一体设计

大单元设计是一个建构整体,应当坚持"教学评一体化"的设计理念。单元的教学目标是课程核心素养目标在单元层面的整体化呈现,是完成单元大任务时所展现出来的价值观、必备品格和关键能力的集成,是预期的学习成果。单元大任务目标对该单元中学习的语言知识、文化知识、语言技能、学习策略等具体的知识和技能目标具有统摄作用。崔允漷(2019a)用建筑单元隐喻课程单元,强调单元设计的核心在于"目的性",正如建筑单元的目的不是水泥、钢筋等建筑原材料,而是建筑设计、施工、材料等方方面面因素汇聚而成的"住人"属性,教学单元的目标不应是碎片化的知识或能力,而应是有机统整的核心素养。

举个例子来说,例如以 My school 为主题的单元设计中,可以设计"比较上海的小学生活和新加坡的小学生活"这一大任务目标。为完成这一任务,学生需要树立爱国情怀(价值观培育目标)、掌握描述校园生活的语言知识和表达技能(语言能力目标)、意识到中国和新加坡教育文化的异同(文化意识目标)、具备比较异同的思维技能(思维品质目标),以及学习同伴合作的学习策略(学习能力)。在单元的主题意义引导下,通过层层推进的单元子任务链,在单元学习的进程中实现各分项目标的综合达成,最终发展形成表现为完成单元大任务的核心素养。

评价的方式和手段要符合发展核心素养的教学目标,切不可用传统的知识点纸笔测试粗暴、错位、片面地评价大单元教学的效果。新课标强调"教学评一体化"的设计,单元设计中应突显任务型评价的作用,即"在明确的交际语境下,(通过各种模态)引出语言使用并对其进行评判,这种语言使用以表达和解读意义为目的,用意清晰,并指向某个重要的目的或结果"(Norris 2016:232)。

任务型语言评价具有四个主要特征:第一,任务型语言评价是形成性评价,是语言课程的一部分,其目的是改进教学;第二,任务型语言评价是表现参考型评价,考查学习者在特定情境下用外语完成真实目标任务的能力;第三,任务型语言评价是直接评价,对受试者能力的考查被融入在任务表现中;第四,任务型语言评价是真实评价,涉及到真实生活的语言使用或在真实生活中会用到的语言处理(Ellis 2003:285)。

原则三:真实任务层层推进

大单元设计由主题意义引领下相互关联、环环相扣的子任务推进来实现,层层铺垫、步步推进,最终指向大任务的达成,呈现出"任务链(task sequence)"的形态。其中大任务主要应当是真实世界任务(real-world task),小任务则是真实世界任务和教学场景任务(pedagogical task)的组合。

那么这两类任务有什么区别?这里需要弄清楚一个概念——任务的真实性(authenticity)。根据 Bachman 的定义,真实性包括情境真实性(situational authenticity)和交际真实性(interactional authenticity)(Bachman 2002;Ellis 2017)。其中交际真实性是不可或缺的,而情境真实性是在部分任务中才具备的。真实世界任务既具有情境真实性也具有交际真实性,而教学场景任务只具备交际真实性。我们以下场景为例:运动会结束后小朋友捡到遗落在操场上的书包,需要根据书包呈现的信息推测包的主人。这个任务"Whose schoolbag?"就是典型的真实世界任务,因为学生在现实生活中也会处理类似的问题。再看另一个教学设计:学生读一段故事,根据故事的情况完成老师设计的 story map,这样的情形通常在日常生活中不会出现,但是在教学场景中是能够带来真实交际的,所以属于是教学场景任务。

不论设计哪类任务,都需要教师特别关注学生的真实语言生活体验,把学科逻辑和实践逻辑真正结合起来,综合考虑学生的年龄、认知水平、心理特点等因素设计学生想做能做的任务,让学生学有所乐,学有所得。反之,如果对学生的需求视而不见,纯粹从教师的视角出发、从某个语言点出发设计的所谓"任务"往往不是任务,而是披上"交际"外衣的传统练习,只会徒增学生和家长的负担。举个例子,笔者曾经和一位一线教师讨论融合信息技术的任务设计,这位教师谈到可以采用"翻转课堂"的理念,让学生录制一段视频,作为新课前的热身,但是教师建议学生在视频中呈现的内容是讲解习题中的语言点。这样的活动不但没有将学生从传统的教学模式中解脱出来,还给学生和家长增加了录制剪辑视频的负担。

原则四:策略支撑全程伴随

在任务的设计和任务链的推进过程中特别需要注意的一个问题是对学生的学习过程提供全程支撑。根据社会文化理论的观点,学生的实际发展水平和潜在发展水平之间存在"最近发展区",对其能力发展具有预示意义。与最近发展区密切相关的概念是搭脚手架(scaffolding),即教师或指导者通过帮助学生解决问题来完成任务的行为。Wood et al.(1976)提出教师可以采用六种搭脚手架的策略:(1)通过任务吸引学生解决问题的兴趣;

（2）简化任务流程；（3）帮助学生专注目标；（4）通过评价强调任务的关键特征；（5）情绪调节；（6）示范演示。在大单元设计中应当综合运用相关的脚手架策略，帮助推动学生完成学习任务，发展核心素养。这一观点侧重于在教学进程中对学生进行全过程支撑，具有一定的指导意义。

从所有学习支撑的策略类别来看，外语教学中的搭脚手架策略可以分为内容支架、策略支架和程序支架三大类（Sam 2011）。在大单元设计中，内容支架是对学生感到困惑的内容点，如文本类别、语法规则、文化知识等，提供解释，加深学生理解，可以通过意识提升任务、知识拓展小贴士等形式加以体现。策略支架是指通过学习方法、思维技巧的提示，帮助学生丰富有效学习的工具箱，可以通过学习者"训练模块""方法点津"等模块呈现。程序支架是使用已有资源、材料和工具帮助学生学会完成任务，可以通过教师提问、同伴互动、技术支持等手段实现。

原则五：优质语篇丰富输入

"语篇是表达意义的语言单位，是人们运用语言的常见形式"（教育部 2022）。在英语作为外语而非二语教学的环境中，语篇在单元教学中起到构建主题意义、创设交际语境、提供语言输入的作用。从国内外教材评估研究中，我们不难看出教材中的文本应当真实地道（Williams 1983；Penny 1999），体裁丰富（Hutchinson & Waters 1987；Williams 1983），符合学生的语言水平（Williams 1983），且具有思想性、知识性、趣味性和可读性（周雪林 1996）。核心素养导向的大单元设计中应当根据任务推进的需要提供立意深远、语言精彩、妙趣横生、种类多样的语篇。

值得一提的是，信息技术的发展为教师和教材编写者进行大单元设计提供了获取语篇资源的便捷，同时也带来不少挑战，例如甄别挑选符合单元主题和任务语境的语篇，处理教学语篇和拓展语篇的关系，根据教学的需要对语篇进行编写加工，多模态语篇的制作等。从某种角度来说，教师处理语篇的能力是其综合素养的重要表现。从对语篇的把握能看出教师在多大程度上理解和落实大单元设计的理念。

原则六：智慧技术赋能教学

大单元设计离不开智慧教育的赋能，即依托云计算、无线通信等新一代信息技术打造感知化、泛在化的新型教学模式。在英语教材内容和教学内容设计中可以借助智慧教育技术提升主题意义的代入感、任务交际互动的真实度、语言输入的多模态，以及纠错反馈的有效性。举个例子，在一次关于 Autumn outing 这个单元大任务设计的讨论中，有教师建议用制作海报的形式作为单元大任务。海报固然是学生喜欢的一种展示形式，但是在真实生活中恐怕学生并不那么乐意游玩一天还要做海报。相反，学生倒是喜欢在他们的社交媒体上发文分享秋游中的趣事。于是，笔者建议教师尝试把海报的设计改成发社交媒体朋友圈的设计，既贴合生活体验，有利于提升学习兴趣，又控制了任务的难度，解决了文字篇幅有限的问题。

再如搭载自然语言处理系统的聊天机器人能够解决传统课堂中教师无法参与多小组互动的难题。笔者曾经在上海市普陀区与韩国小学英语教师协会合作举办过一场聚焦人工智能赋能课堂的同课异构教研活动，韩国的小学教师通过教学设计编程控制 AI 音箱，使其能作为学生小组的一员参与互动,在小组活动中为学生提供纠错反馈,从而和学生一起完成教师布置的交际任务。这样的设计无疑大大增强了小组互动的有效性,有利于提升课堂的效益。

3.6.5　小结

课程改革之于当下的意义不仅仅是推动实践变革,更在于唤醒我们对教育理念的深刻反思。指向发展核心素养的大单元设计原则建立在学深悟透课标精神的基础上,建立在对外语教学理论成果的批判继承中,建立在对时代发展新趋势、新挑战的深刻思考下。笔者提出这六条原则,并非要提出一套遵照执行的准则,而是希望能够抛砖引玉,开启一场共话单元设计的同行讨论,用理论思考启迪实践智慧,从而推动落实课程改革。

第四章　课堂教学任务的分类

　　课堂教学任务可以根据不同的分类依据细化为多种类型。通常采用的分类依据有九种，包括教学文本的类型、教学活动的类型、语言技能的类型、语言知识的类型、"差"的类型、交际场景的类型、是否聚焦目标结构、有无语言输出要求，以及任务产出的开放性。按照每种分类依据细分的任务类型如表 4.1 所示。在本节中，笔者将结合教学设计实例对每项任务进行细化讲解。其中有些部分设计的例子来源于笔者在上海市浦东新区、宝山区和普陀区的合作式教师教育项目实践，部分案例选自笔者编写的教材和读物，部分案例为国际学术界引用率比较高的课堂教学任务案例。其中每个设计案例都包括教学对象、教学准备、教学过程和任务解读四个部分，方便一线教师有的放矢地开展课堂实践和反思。

表 4.1　课堂教学任务的细化分类

分类依据	任务类型	分类依据	任务类型
教学文本的类型 （3 类）	（1）视频任务	语言技能的类型 （6 类）	（5）写的任务
	（2）音频任务		（6）展示或表演的任务
	（3）书面文本任务	语言知识的类型 （5 类）	（1）语音知识任务
教学活动的类型 （8 类）	（1）判断任务		（2）词汇知识任务
	（2）列举任务		（3）语法知识任务
	（3）排列（序）任务		（4）语篇知识任务
	（4）分类任务		（5）语用知识任务
	（5）配对任务	"差"的类型 （3 类）	（1）信息差任务
	（6）比较任务		（2）观点差任务
	（7）总结任务		（3）推理差任务
	（8）解决问题任务	交际场景的类型 （2 类）	（1）真实世界任务
语言技能的类型 （6 类）	（1）听的任务		（2）教学场景任务
	（2）看的任务	是否聚焦 目标结构 （2 类）	（1）聚焦型任务
	（3）说（唱）的任务		
	（4）读的任务		（2）非聚焦型任务

分类依据	任务类型	分类依据	任务类型
有无语言输出要求 （2类）	（1）基于输入的任务	任务产出的开放性 （2类）	（1）开放式任务
	（2）基于输出的任务		（2）闭合式任务

4.1　根据教学文本的类型分类

我们可以根据教学中主要采用的语言输入媒介类型将任务分为视频任务、音频任务和书面文本任务。

4.1.1　视频任务

▶ **任务案例**：**Tania's school schedule**（由海桐小学项目团队设计）

● **教学对象**：小学高年级学生

● **教学准备**：

（1）一段约1分钟的英文视频，内容是新加坡小学生Tania介绍她的校园生活。

（2）一张发给学生的任务单（如图4.1），其中包括视频中出现的Tania在学校会去到的几个场所，以及Tania在学校一天活动场所变化的示意图。

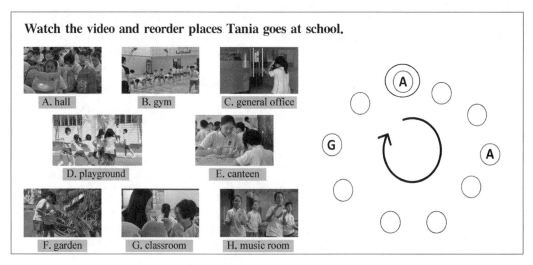

图4.1　视频任务单

● **教学过程**：

教师播放视频，让学生根据视频中的内容，在任务单上记录Tania一天在学校里去过的地方，按照时间顺序填写对应的地点编号，将示意图补充完整。学生可以通过小组合作或独立完成这个任务。

●**任务解读**：

这个任务的设计者选取了一段反映新加坡小学生校园生活的视频,该视频采用第一人称视角,由 Tania 介绍自己从每天清晨离开家门上校车到结束校园生活的所见所闻。视频风格清新活泼,贴近教学对象的生活交际需求,语言难度适中,符合该阶段儿童的语言发展特点。这个任务以该视频为语言输入材料,将学生代入"校园生活"这个交际场景。学生完成示意图的过程需要建构对重点词汇(校园设施)的理解性知识、处理视频中涉及校园场所的时间信息、通过同伴讨论等学习策略达成任务目标、理解新加坡小学生活与中国小学生活的文化异同。

这个任务曾经由邓美玲老师在海桐小学四年级随机选择班级进行两轮试教,课后笔者采用五级评价量表(最高 5 分)和开放性问题收集学生反馈,结果如表 4.2 所示。可见这个任务非常受小学生欢迎,许多学生喜欢寓教于乐的授课方式,完成任务过程中的思维活动也让他们感到愉悦。

表 4.2 视频任务的试教反馈

	第一次试教	第二次试教
学生总数	40	39
平均分	4.75	4.59
标准方差	0.49	0.88
文字评价（摘录）	S20：我喜欢今天这样的上课形式。因为这样上课会比以前上课研究、思考得更多。而且这里面有我们没有学过的单词,可以让我更加努力,更多地思考。 S33：我喜欢今天这样的上课形式。因为它很有趣,让我学到了更难的东西,让我了解了新加坡小朋友在学校的生活。	S14：我挺喜欢的。因为今天的上课形式非常有趣,可以说是在玩中学,学中玩。而且比早上的英语课更丰富。 S35：我喜欢今天这样的上课形式。因为这节课不但让我们知道了新加坡的一天学校生活和我们的学校生活的区别,还让我们学到了许多新单词。

4.1.2 音频任务

▶ **任务案例**：The velociraptor(改编自 Willis & Willis 2007：58)

●**教学对象**：初中学生

●**教学准备**：

(1) 关于迅猛龙的图片。

(2) 一段介绍迅猛龙的讲座音频。

(3) 讲座的题目和讲座文稿的前三句话。

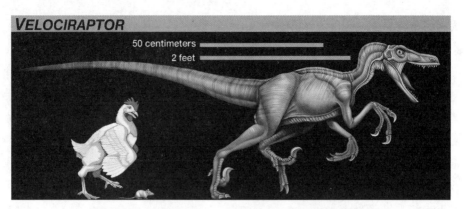

图 4.2 迅猛龙(来源：大英百科全书[儿童版]网站)

Velociraptor

The name Velociraptor means "quick plunderer." This dinosaur was named for its speed when hunting its prey. It belongs to the group of dinosaurs called dromaeosaurs，or "terrible-clawed lizards." They are popularly known as raptors …

(选自大英百科全书[儿童版]网站)

● 教学过程：

教师向学生展示迅猛龙的图片，引出讲座的话题，给出讲座的前三句话。引导学生进行小组讨论，预测这场讲座中最可能涉及的关于迅猛龙的五个问题。接下来全班通过集体讨论列出全部的问题清单，并且通过投票选出最可能被提及的十个问题。最后，通过听讲座，看看大家的预测是否正确。

● 任务解读：

这个任务基于关于迅猛龙的音频材料而设计，包括三个任务步骤：小组讨论预测、全班讨论预测和听讲座。前两个步骤旨在激发学生对学习内容的兴趣，激活学生关于学习内容的知识图谱。列问题清单是接近学生真实生活的任务，有助于提升课堂教学的情境代入感，预测和讨论的活动设计有助于帮助学生调动自身和周边的资源完成任务。在前两步的活动铺垫下，便能水到渠成地推动第三步的活动。

4.1.3 书面文本任务

▶ **任务案例：Making a story map(由长江路小学项目团队设计[1])**

● 教学对象：小学四年级学生

● 教学准备：

(1)一段配图的故事文本。

---

1 该任务由陆静娴指导设计，由杨丹蕾执教。

A thirsty crow

One day, a crow is flying in the forest. It is hot and dry. The crow feels thirsty. He wants some water. He looks for water here and there.

Suddenly, the crow sees a bottle. It has some water in it. "Oh! No! The bottle is too long and thin. I can't drink the water in it. What can I do? What can I do?" The crow feels sad.

He thinks and thinks. Then he sees some pebbles. "That's it! I have an idea!" He puts some pebbles in the bottle. "One, two, three ..." Now there are many pebbles in the bottle. "Look! The water comes up! Great! I can drink."

Now he feels so happy! What a smart crow!

图 4.3 书面文本任务中的故事文本

（2）一张故事情节图。

Read and make a story map.

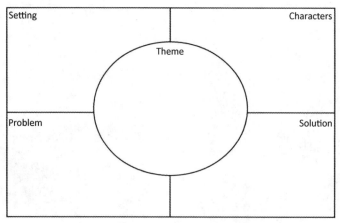

图 4.4　书面文本任务中的故事情节图

● 教学过程：

教师引导学生读故事 *A thirsty crow*，然后让学生以小组合作的形式，从故事中抽取场景、人物、问题、解决方案等关键信息点，组织成故事地图。

● 任务解读：

因为四年级学生一般已经熟悉了这个故事的中文版，加上文本中提供的图片支撑，学生理解英文版故事的难度相对不大。故事地图这个任务能够帮助学生初步建立语篇意识，认识到叙述性文本应该包括的重要信息要素。

4.1.4　小结

视频、音频和书面文本是教师在教学中最常使用的文本类型。本节分别列出基于这三类文本的任务设计案例，供读者在实践中参考。值得一提的是，这里的文本分类是基于语言输入媒介所做的区分。事实上，文本类型也可以从其他角度加以区分，也会出现某篇文本具有双重或多重属性的情况，例如教师常用的电视新闻报道，按照语言功能分类属于信息型文本，按照语言输入媒介分类属于视频和书面文本的融合。教师应在把握真实性要求的原则下，选择或者创编符合学生语言和认知水平、学生感兴趣的文本，并在此基础上设计任务。

4.2　根据教学活动的类型分类

任务也可以从学生在完成任务过程中所开展的思维活动来进行分类，例如列举、排列（序）、分类、配对、比较、总结、解决问题等（Willis & Willis 2007；Ellis 2019a）。

4.2.1　判断任务

▶ **任务案例：Making a traffic safety poster**

● 教学对象：小学三四年级学生。

● 教学准备：

（1）一首关于交通安全的儿歌。

Street safety

We're in the car with Joe and Jules.
Let's be safe and follow the rules!

Fasten your seat belt.
Be careful，Joe!
Don't stick your head
Out of the window!

We're on our bikes with Joe and Jules.
Let's be safe and follow the rules!

Keep both hands
On the handlebars.
Wear a helmet.
Watch out for cars!

We're on the street with Joe and Jules.
Let's be safe and follow the rules!

Don't play on the street.
Walk on the sidewalk.
Look both ways
Then cross at the crosswalk.

（选自 *Get Smart*）

（2）一张任务单。

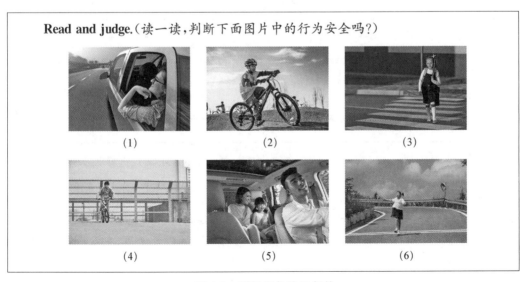

图 4.5　判断任务的任务单

● **教学过程:**

教师引导学生读儿歌 Street safety,通过朗朗上口的儿歌创设主题语境,在轻松愉快的儿歌诵读中帮助学生获取关于交通安全规范的基本知识,然后将知识迁移到以图片为载体呈现的新情境中,判断其中的人物行为是否符合交通安全规范。最后,教师引导学生制作关于交通安全的宣传海报。

● **任务解读:**

为积极培育和践行社会主义核心价值观,教育部《中小学生守则(2015 年修订)》中列出了涉及中小学生行为规范的九项指引,包括:(1) 爱党爱国爱人民;(2) 好学多问肯钻研;(3) 勤劳笃行乐奉献;(4) 明礼守法讲美德;(5) 孝亲尊师善待人;(6) 诚实守信有担当;(7) 自强自律健身心;(8) 珍爱生命保安全;(9) 勤俭节约护家园。此项任务的设计对标其中的第 8 项指引,帮助小学生在英语学习中通过任务创设的语境培育珍爱生命的意识,通过完成判断任务发展鉴别力,通过设计交通安全海报培养行动力。

4.2.2 列举任务

▶ **任务案例**: **How AI impacts on human intelligence?**

● **教学对象:** 高二年级学生。

● **教学准备:**

(1) 掌握与人工智能有关的英语词汇,如 artificial intelligence、human intelligence 等。

(2) 一张任务单。

Imagine you have a robot to help you at home and school. Which job would you like your robot to do, and what might you do instead?

表 4.3　列举机器人和人类的工作

The robot's job	What will you do?
To walk my dog on rainy days.	To stay at home reading a novel.
(1)	(4)
(2)	(5)
(3)	(6)

(改编自《高中英语(上外版)》选择性必修第一册)

● **教学过程:**

(1) 教师引导学生复习已经学习到的关于人工智能的词汇,为完成任务做准备。这个阶段应避免对词汇的机械操练,可以通过融合目标词汇的教师话语,在互动中巩固词汇习得的效果。例如:

T:Did you went to World <u>Artificial Intelligence</u> Conference last week?

S:Yes,I attended a forum held at Shanghai World Expo Center. It was fascinating.

T：How lucky you are! I could only register for the online conference. What was the forum about?

S：It focused on the applications of <u>artificial intelligence</u> in education ...

（2）教师引导学生分三人小组活动，思考任务单上的问题，小组内每位同学需要贡献一个想法。

（3）每个小组的组长汇总组员的想法，在班上汇报讨论的结果，汇报的题目为 *Our future life with AI*。

● **任务解读：**

这个任务所处的主题语境为"人工智能与未来生活"，任务的设计旨在通过设想未来生活中的 AI 应用场景，探讨"技术让生活更美好"的智慧未来。学生完成这个任务需要运用观察力，发现人们在家庭和学校生活中面临的技术需求场景；运用想象力，创造性地列举机器人辅助人类解决问题的可能方案；更重要的是，运用反思力，探讨当机器人替代人类劳动之后，人类应该做什么。

4.2.3 排列(序)任务

▶ **任务案例：Planning an imaginary "space adventure"**

● **教学对象：** 高中二年级学生。

● **教学准备：** 一张任务单。

Step 1：Read the following news report.

China has put the finishing touches to FAST, the world's biggest radio telescope, whose 1 650-foot-wide dish will, among other tasks, scan the universe for signs of intelligent alien life. "Located at an extremely radio-quiet site, its scientific impact will be extraordinary," said the FAST Project's chief scientist.

Step 2：Discuss the questions with a partner.

(1) Do you think FAST will find life on other planets? Why?

(2) Do you think FAST will find other habitable planets for human beings? Why?

Step 3：Imagine that FAST has detected signs of life on other planets. Three items will be sent in a parcel as a symbol of life on Earth. Brainstorm suitable items (e.g. a family photograph, a bottle of seeds, a volunteer's badge) with your partner. Explain your group's choice to the class.

表4.4 排列代表地球生命的物品

Items	Reasons

（选自《高中英语(上外版)》选择性必修第一册）

● 教学过程：

（1）通过引导学生阅读一段关于"中国天眼（FAST）"的文本，导入该任务的主题语境"宇宙探险"。

（2）通过两个开放式讨论题，唤醒学生对该任务的兴趣。

（3）引导学生通过小组互动来完成任务，每个学生需要提出至少一种代表地球生命的物品，说明原因。组员发言结束后，组长汇总大家的观点并组织大家对所有建议的物品进行优先级排序。最后，由组长向全班报告本组的包裹清单设置。

● 任务解读：

这项任务对标"人与自然"这一主题语境中的"宇宙探索"主题，涉及"地球与宇宙奥秘探索"这一内容。其中涉及到"中国天眼"的文本在创设主题语境的同时，也有利于引导学生从中国高科技发展的成果中汲取自信心，生发自豪感。与想象中的外星生命交流的任务有利于引导学生从人类命运共同体的宏大视角来反思生命的本质意义。所以，虽然这一排序任务看似简单，但是师生如果能从排序的参考标准切入，探讨生命的意义，这样的课堂活动就会有思想的深度和认知的挑战。

4.2.4 分类任务

▶ **任务案例：A great new town**

● 教学对象：小学中高年级学生。

● 教学准备：

（1）一首歌曲。

A great new town

Can I help you? You look lost.
Can I help you find your way?
Can I help you? You look lost.
Can I help you today?

（*chorus*）
I'm new in town. I think I'm lost.
Can you help me find my way?
I'm new in town.
Can you help me with my busy day?

Where are the post office, the toy store,
The supermarket, and the park?
Where's the bakery?
Where's the library?
Where are the zoo, the school, and a swimming pool?

（*chorus*）
I can help you. You're not lost.

I can help you find your way.
I can help you. You're not lost.
I can help you today.

Here's the post office，
The toy store，the supermarket，
And the park.
Here's the bakery，the library，the zoo，
The school，a swimming pool，
And a movie theater，too!

I can help you. You're not lost.
I can help you today.
I can help you find your way，and you'll be OK，in your great new town today!

Thank you for helping me to find my way.
Thank you for helping me with my busy day，
In my great new town today!
In my great new town today!

（选自 *Our World*）

（2）一张任务单。

Read and write.（读一读，根据歌曲中的内容补全 Isabella 的日记。）

Friday 20 July, 20XX
8.00 p.m.

Dear Diary
I come to a new town. It's so big that I think I'm lost. My cousin, Emma, helps me find my way. She helps me find the places to study：(1) _____ . She helps me find the places to have fun：(2) _____ . She helps me find the places to do sports：(3) _____ . She also helps me find the places to buy food：(4) _____ . I love this great new town!

Isabella

（改编自《世界经典英语课文选读》）

●教学过程：
（1）教师引导学生分角色唱歌，一人扮演初到新城市的 Isabella，一人扮演 Isabella 的堂姐 Emma。通过唱歌进入到该任务的主题语境——熟悉新的城市。
（2）教师引导学生分四人小组完成任务，帮助 Isabella 补全她的日记。小组内的四名学生每人负责补全一个空。然后大家相互检查对方填写的信息是否正确。

●任务解读：
这个任务用歌曲来营造语境，有利于活跃课堂氛围，增加任务的代入感。文本内容涉

及熟悉新城市的环境和帮助小伙伴熟悉新环境,有利于潜移默化地培养学生的自主探索意识和互助意识。第二步设计的小组合作意在通过合作学习减轻任务的挑战度,通过同伴反馈和互动提升任务的完成度。同时,以日记形式呈现的文本也有助于帮助学生认识不同文本的特征。

4.2.5　配对任务

▶ **任务案例**: Doctor, Doctor

- ● **教学对象**: 小学中高年级学生。

- ● **教学准备**: 一张任务单。

（1） I sprained my ankle and saw Dr. Plate. He was very nice and told me not to wait. He put some ice on my ankle And asked me to keep it still. I was in pain，but I said，"I will!"	A. 
（2） I broke my arm and saw Dr. Murray. She was very nice and told me not to worry. She put my arm in a cast And told me to keep it on for 20 days. I wasn't happy，but there was no other way.	B. 
（3） I hurt my head and saw Dr. Fry. She was very nice and told me not to cry. She took a look at my head And told me to stay in bed. I was dizzy，so I did what she said.	C. 
（4） I cut my finger and saw Dr. Spade. He was very nice and told me not to be afraid. He put something on it to stop the bleeding And asked me to keep it dry. I thanked him，and then I said，"Goodbye!"	D. 
（文本选自 *Get Smart*；任务设计选自《世界经典英语课文选读》）	

图 4.6　配对任务的任务单

● **教学过程：**

学生读这段关于医生的文本,教师引导学生把每个小节与所描述的内容对应的图片连线。

● **任务解读：**

这段儿童视角的阅读文本十分生动地演绎了医患之间的和谐互动,既有医生对患者的诊疗和关爱,又有患者对医生的信任和感激。文本朗朗上口,容易被诵读和记忆。这个匹配任务需要同时调动学生读文字和读图的能力,有利于培养学生的多模态识读素养。这个任务既可以在小组内完成,也可以以教师和全班互动的形式完成。

4.2.6　比较任务

▶ **任务案例**: School life in Shanghai *vs.* School life in Singapore

　　　　　　（由海桐小学项目团队设计）

● **教学对象：** 小学中高年级学生

● **教学准备：**

(1) 一段约 1 分钟的英文视频,其中新加坡小学生 Tania 介绍她的校园生活。

(2) 一张任务单。

图 4.7　比较任务的任务单

● 教学过程：

（1）观看视频结束后，教师引导学生重看视频中关于 Tania 学校升旗仪式的片段，通过师生互动，讨论上海小学的升国旗仪式和新加坡小学的升国旗仪式有什么异同。例如，相同点可能包括都在周一早上举行升旗仪式，都要唱国歌，都要穿校服参加等；不同点可能包括中国的学生通常在操场上举行升旗仪式，而视频中新加坡的小学生是在室内体育馆内参加升旗仪式，在唱国歌升国旗之后中国的学生会参加举行"国旗下的讲话"等活动，而新加坡的学生是面向国旗宣誓。

（2）教师在 PPT 上呈现第二、三组图，组织学生开展小组活动，讨论两组图中所展示的上海和新加坡小学生的校园生活有哪些异同。

● 任务解读：

这个任务曾经由邓美玲老师在海桐小学四年级的课堂中开展试教，我们在设计这个任务的初衷是发现现有的教材内容中比较缺乏涉及爱国主义教育的题材，不少小学高年级的同学还不会用英语表达"升国旗""唱国歌"这样的基本概念，更不用说培养相关语境下的沟通能力和国际传播力。所以我们基于新加坡教育部的宣传片设计了这个比较任务，让学生在比较中学习有关校园生活的表达，更重要的是让学生通过国际比较建立起自信心和自豪感。值得一提的是，这个任务需要学生运用"看"的技能，在看视频和看图片的过程中敏锐捕捉到关键信息，在信息点中建立联结，发现其中的相似和不同之处，这也是思维品质和学习能力的训练。

4.2.7　总结任务

▶ **任务案例: Russell's volunteer profile**

● 教学对象：高中二年级学生

● 教学准备：

（1）电影《飞屋环游记》台词文本选段。

Russell：Good afternoon，my name is Russell，and I am a Wilderness Explorer in Tribe 54，Sweatlodge 12. Are you in need of any assistance today，sir？

Carl：　No.

Russell：I could help you cross the street.

Carl：　No.

Russell：I could help you cross your yard.

Carl：　No.

Russell：I could help you cross your porch.

Carl：　No.

Russell：Well，I gotta help you cross something.

Carl：　No，I'm going fine.

Russell：Good afternoon. My name is Russell.

Carl：　Uh … kid …

Russell：And I am a Wilderness Explorer in Tribe 54，Sweatlodge 12.

Carl：　Kid. Slow down. KID!!

Russell：Are you in need of any assistance today，sir？

Carl：　Thank you，but I don't need any help!

Russell：Ow.

Carl：　Proceed.

Russell：Good afternoon. My ——

Carl：　But skip to the end!

Russell：See these？ These are my Wilderness Explorer badges. You may notice one is missing. It's my Assisting the Elderly Badge. If I get it，I will become a Senior Wilderness Explorer! The wilderness must be explored! CAW-CAW! RAAAR!

Russell：It's gonna be great! There's a big ceremony，and all the dads come，and they pin on our badges …

Carl：　So you want to assist an old person？

Russell：Yep! Then I will be a Senior Wilderness Explorer!

Carl：　You ever heard of a snipe？

Russell：Snipe？

Carl：　Bird. Beady eyes. Every night it sneaks in my yard and gobbles my poor azaleas. I'm elderly and infirm. I can't catch it. If only someone could help me …

Russell：Me! Me! I'll do it!

Carl：　Oh，I don't know，it's awfully crafty. You'd have to clap your hands three times to lure it in.

Russell：I'll find it，Mr. Fredricksen!

Carl：　I think its burrow is two blocks down. If you go past ——

Russell：Two blocks down! Got it! Sniiiipe! Here Snipey Snipey …

（选自《高中英语(上外版)》选择性必修第一册）

（2）一张任务单。

表 4.5　关于志愿者档案的总结任务

Name	Russell
Volunteer type	A Wilderness（1）_____
The volunteer work he offers	He offers to help Carl to（2）_____.
Why he offers help to Carl	Carl is an elderly man and probably needs some help.
What badge he needs	（3）_____.
Why he needs the badge	He wants to（4）_____ and attend a ceremony so that his dad will pin on his badge.

Key：（1）Explorer　（2）cross the street，cross the yard，and cross the porch　（3）Assisting the Elderly Badge　（4）become a Senior Wilderness Explorer

（选自《高中英语（上外版）》选择性必修第一册）

●**教学过程：**

（1）播放视频，引出本任务的主题语境"志愿活动"。教师可以采用问答的形式帮助学生理解视频的内容。

（2）教师组织学生分组互动，再次观看视频，通过分工合作的形式完成 Russell 的志愿者简介。

（3）每个小组推选一位代表，根据填写完成的简介口头介绍小志愿者 Russell。

●**任务解读：**

这个任务对标"人与社会"主题语境中的"社会服务与社会交往"主题，涉及的子主题是"公益事业与志愿服务"。为了补充完整 Russell 的志愿者简介，学生需要从视频中提取关键信息，借助任务单中提供的框架，运用总结的技巧对关键信息进行整合，从而达到任务目标要求。

4.2.8　解决问题任务

▶ **任务案例：Matthew's tea jars（由海桐小学项目团队设计[1]）**

●**教学对象：** 小学高年级学生。

●**教学准备：**

（1）两张 PPT。第一张 PPT 展示 Matthew 抱着三个茶罐子和茶叶散落一桌，他因此很抓狂的照片；第二张 PPT 呈现关于 Matthew 的视频，他对 Amy 说："Hello Amy, can

---

1　该任务由田慧肖和沈秀娟设计，Matthew Hager 参与视频制作，沈秀娟（Amy）执教，于 2017 年 9 月在海桐小学开设公开课。

you help me? My son opened the tea jars and got the tea leaves everywhere! I have to put them back but I know nothing about tea. Could you help me to put them back?"

（2）一段介绍中国茶的文本，涉及普洱沱茶、碧螺春和祁门红茶三种茶叶。

> Taking its name from the Qimen region，Qimen black tea is one of China's best known teas. Made from small tip leaves，Qimen is tiny and looks like black worms. It is beautiful with a black colour.
>
> Biluochun is a famous green tea. The name Biluochun means "Green Snail Spring". It is called so because its leaves are green and it looks like snail meat. And people pick them in early spring.
>
> Puer Tuocha's leaves are brown and people shape them into small bowls. It is convenient to steep in the office and easy to carry on a trip. After steeping，its soup becomes red just like wine.

（3）为每个小组准备一组材料，包括普洱沱茶、碧螺春和祁门红茶的茶叶若干，分别盛放三个空茶叶罐中，茶叶罐置于托盘上。

● 教学过程：

（1）教师呈现第一张 PPT，通过展示 Matthew 抓狂的照片将学生代入到语境中，激发孩子们对 Matthew 的关心，猜测他遇到了什么问题。

（2）教师呈现第二张 PPT，通过视频展示 Matthew 遇到的难题：原来是调皮的宝宝打翻了茶叶罐，他不知道该如何收拾。在学生们都明白了 Matthew 遇到的麻烦之后，Amy 老师问学生愿不愿意帮助 Matthew 解决这个问题，因为 Matthew 是学校的明星教师，小朋友们当然乐意承担这个任务。

（3）首先教师在 PPT 上展示三种茶叶的中英文名：Puer Tuocha（普洱沱茶）、Biluochun（碧螺春）、Qimen black tea（祁门红茶）。接下来，教师结合地图，介绍普洱沱茶，包括这种茶叶的产地和外形。教师话语如下：

T：Do you know anything about them?

S：...

T：We may find some clues from their Chinese names. Take Puer Tuocha as an example，what does Puer mean?

S：...

T：Puer is a name of a city in Yunan.（展示地图并标明普洱的位置）

S：...

T：Sometimes people name a tea after its origin place. Then what about the word "Tuo"?

S：...

T：Tuo is a special shape of tea. A shape looks like a bowl，a turtle shell or a mushroom. People sometimes name a tea after its shape too.

T：Now let's look at the rest two names，can you find out any information behind their Chinese names? Share your ideas in groups.

（4）教师将学生分为 6 人小组，每个小组的桌面上放置盛着三种茶叶罐的托盘。教师引导学生从三种茶叶中挑出普洱沱茶，并贴上标签。

（5）教师请学生猜测余下的两罐茶叶分别是什么茶。下发阅读文本，请学生阅读后确认自己的猜测是否准确。

（6）请学生通过小组讨论，形成给 Matthew 的建议，帮助 Matthew 将三种茶叶放回对应的茶叶罐中。

● **任务解读**：

这个任务选自海桐小学教改项目中高校和小学团队合作开发的"英语话中华"课程，这门课程旨在通过创设与中华优秀传统文化相关的主题语境和交际任务，引导学生做中学，在语言学习中增强跨文化意识和国际传播力。不少中国人到了国外会被外国朋友问如何饮茶，所以我们将茶文化放在这个课程中比较重要的位置。我们可以看到，这个任务的设计比较注重问题的铺垫，通过展示 Matthew 的燃眉之急，激发学生的同理心和解决任务的动力，自然地将学生代入到任务情境中。同时，这个任务的设计也很注重根据学情在教学推进的过程中逐步提升任务的复杂度。具体来说，就是教师在学生完成任务之前会通过示范展示，提供语言支架和可供学生模仿的样例，为学生脱离教师的帮助完成任务提供可能。

4.2.9　小结

以上介绍了根据教学活动类型来划分的七种任务。值得一提的是，由于任务指向某个目标的达成，学习者在完成某些复杂任务的过程中会涉及到多种思维能力的综合运用，例如帮助社区规划小区内老年人送餐项目，其中就涉及按照送餐对象的年龄排序，按照送餐对象所居住的楼栋进行分类，根据送餐对象的反馈意见进行总结等思维能力的运用。

4.3　根据语言技能的类型分类

4.3.1　听的任务

▶ **任务案例**：A hole in your hand (改编自 Van den Branden 2006：88)

● **教学对象**：初中学生。

● **教学准备**：一张纸。

● **教学过程**：

（1）教师引导学生自由讨论视觉成像的基本问题，引起学生对任务情境的兴趣。教师话语建议如下设计：Can you see through your hand? Maybe this experiment will help you ...

（2）教师组织学生听以下步骤完成实验：

Step 1：Take a thin magazine and roll it up into a cylinder with a diameter of about 2.5 centimeters.

Step 2：Raise your left hand about 10 centimeters from your face.

Step 3：At the same time，hold the roll of paper in your right hand，and put it between your index finger and the thumb of your left hand，as shown in the picture.

Step 4：Next，briefly look through the roll with your right eye and look at your left hand with your left eye.

Step 5：Close both eyes and then open them again.

图 4.8 视觉成像实验操作

（3）教师提问：What do you see when you look at your left hand?

（4）教师简单讲解实验背后的原理，学生听：

Two different images are being shown to each of your eyes. If your brain can't combine these two images，it just suppresses the image in one eye，and the other eye becomes dominant. In this case，your hand will generally stay suppressed from your awareness because it's the weaker stimulus. This phenomenon is known as "binocular rivalry"（双眼竞争）.

● **任务解读**：这个教学任务实际上也是一个科学实验，通过就地取材、简单操作，让学生体验到神经科学中的有趣现象。这个任务设计有助于激发学生对于科学探索的热情，也有助于让学生通过"做中学"的方式来习得语言。

4.3.2 看的任务

 **任务案例**：Helping the restaurant（由海桐小学项目团队设计[1]）

● **教学对象**：小学中低年级学生

● **教学准备**：

（1）一首儿歌视频。歌词文本如下：

Chocolate cake[2]

Words have rhythms.

We can use our sticks and drums to tap out the rhythms of words.

Let's tap out the rhythms of a really delicious meal.

---

1 由陆亦磊老师执教。
2 本章少数语篇来源不明。

What shall we start with? How about ...?

Chicken rice and peas.

（重复三遍）

Chicken rice and peas.

（重复三遍）

Chicken rice and peas.

Chicken rice and peas.

Hands up who likes chicken rice and peas.

Yummy，yummy，yummy!

Put it in my tummy.

I like，you like，chicken rice and peas.

I'm so thirsty. What shall we have to drink? How about ...?

Blackcurrant juice.

（重复三遍）

Blackcurrant juice.

（重复三遍）

Blackcurrant juice.

Blackcurrant juice.

Hands up who likes blackcurrant juice.

Yummy，yummy，yummy!

Put it in my tummy.

I like，you like，blackcurrant juice.

Want any pud? Mmm pudding! How about ...?

Chocolate cake.

（重复三遍）

Chocolate cake.

（重复三遍）

Chocolate cake.

Chocolate cake.

Hands up who likes chocolate cake.

Yummy，yummy，yummy!

Put it in my tummy.

I like，you like，chocolate cake.

We love chocolate cake!

（2）一张任务单。条件允许的情况下可以做成贴纸的设计。

图 4.9　看的任务宣传单设计 1

图 4.10　看的任务宣传单设计 2

● 教学过程：

（1）教师通过提问互动介绍任务背景：Do you like going to the restaurant? What's the name of this restaurant? Yes，this is Yummy Restaurant. This restaurant is a place for old people nearby. Today，Yummy Restaurant needs some volunteers to design a flyer for it. Do you want to be a volunteer?

（2）教师引导学生完成任务：

Step 1：Enjoy the song of *Chocolate cake*.

Step 2：Work in groups. Listen and select the foods you hear.

Step 3：Work in groups. Paste the food pictures onto the flyer.

● 任务解读：

这个任务有三个教学目的：第一，通过看视频学习 blackcurrant juice、chocolate cake 等关于食物的表达。第二，在任务情境中激发小学生参与社区公益事业的热情。第三，在小组活动中锻炼合作力和领导力。该段教学视频中的歌曲节奏欢快，朗朗上口，符合儿童的认知特点；歌词的内容十分生活化，真实性强；其中涉及的目标语言主要是语块而非单个的单词，也更加符合儿童词汇习得的规律。虽然为餐厅设计宣传单是比较有挑战的工作，但是我们采用贴贴纸的形式将任务的整体复杂度大大降低，更加符合低年级段儿童的实际水平。

4.3.3 说(唱)的任务

▶ **任务案例：Cookie's shopping list(由海桐小学项目团队设计[1])**

● 教学对象： 小学中低年级学生。

● 教学准备：

(1) 一段动画视频，文本如下：

What have we got for our picnic?	
Cookie：	Lulu, what have we got for our picnic?
Lulu：	We've got sandwiches.
Cookie：	Yum, yum, sandwiches.
Cookie：	What else have we got for the picnic?
Lulu：	We've got yogurt.
Cookie：	Yum, yum, sandwiches and yogurt.
Cookie：	Lulu, what else have we got for the picnic?
Lulu：	We've got chicken.
Cookie：	Yum, yum, chicken, sandwiches, and yogurt.
Cookie：	Lulu, what else have we got for the picnic?
Lulu：	We've got melon.
Cookie：	Yum, yum, melon, chicken, sandwiches, and yogurt.
Cookie：	Lulu, what else have we got for the picnic?
Lulu：	We've got cherries.
Cookie：	Yum, yum, cherries, melon, chicken, sandwiches, and yogurt.
Lulu：	Now, let's have our picnic.
Cookie：	I'm not hungry.
Lulu：	Not hungry?
Densel & Lulu：	Cherries, melon, chicken, sandwiches, yogurt?
Densel & Lulu：	Oh, Cookie! We are hungry!
Cookie：	Oh, sorry.

---

1 由王佳慧老师执教。

（2）一张任务单。

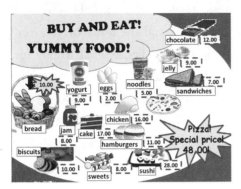 

图 4.11　超市价格单

表 4.6　Cookie 的购物单

Category	Items	Quantity	Price(*yuan*)
Food			
Fruit			
Drinks			
Total price _____			

● 教学过程：

（1）教师通过引导学生观看视频引出 Cookie 遇到的麻烦，激发学生帮助 Cookie 解决问题的热情。这个环节采用教师自编的音频作为辅助教学材料，文本如下：

> Cookie is in the supermarket now.
>
> Cookie：Wow，pizza. Lulu likes pizza. But how much is it？48 yuan！It's too expensive！Let me see something else. Ah，cola. How much is it？5 yuan. It's not expensive. But cola is not healthy. Maybe I can find something else. Wow，look at the sushi. It's really nice，isn't it？Hum … How much is it？28 yuan？Well，maybe I can buy it. Oh，wait！Densel doesn't like sushi. I think I need a shopping list first. Who can help me？

（2）接下来，教师介绍任务情境，并将任务目标细化为具体的活动规则：Cookie 只有 50 元，他需要买三类食物。学生分两人小组开展活动，其中一位同学能看到水果和饮料的价格，另一位同学能看到其他食物的价格，两位同学需要合作帮 Cookie 做出他的购物清单。这个阶段教师话语的内容如下：

　　T：OK，boys and girls. Would you like to help Cookie to make his shopping list？

　　　Now remember：First，Cookie only has 50 *yuan*. Second，he needs to buy enough food, fruit, and drinks for Lulu and Densel. Now please work in pairs. You have a special price list on your desk. Each of you can only read ONE side of it. One of you can know the prices for food, and the other of you can know the prices for fruit and drinks. Please help Cookie choose what to buy for Lulu and Densel. And please tell us why you choose them.

（3）教师邀请一名英语水平比较好的同学上台，口头演示如何完成这个任务。

（4）班级同学开展结对子活动完成任务。活动结束后，教师选取几名代表上台展示和介绍他们为 Cookie 设计的购物清单。班上的同学依据健康和节省的原则为各组汇报的任务单打分，评选出最佳购物清单。

● 任务解读：

这是一堂任务型教学课中的第三个任务。这堂课的第一个任务是预测任务"Predict: What are there in Lulu's picnic basket?"，通过让学生猜测 Lulu 的野餐篮里面有什么食物，从而激活学生已有的词汇知识，同时完成主题语境的创设。这堂课的第二个任务是"Watch the video and circle the foods Lulu gives to Cookie."。教师引导学生通过看视频验证第一个任务中的猜测，同时能够接触到新的词汇。值得一提的是，我们之所以选用这段视频，因为它的台词设计巧妙，做到了单词有意义的多次重复，符合这个年龄段儿童的认知特征。这里介绍的第三个任务从问题入手，教师通过逐步推进的问题"What happens in the end? (Lulu and Densel are hungry. Cookie feels sorry for Lulu and Densel.)""Can you help him? (To buy some picnic food.)" 将学生代入到任务情境中，激发学生达成任务目标的热情。

应当说明的是，笔者将这个任务放在"说（唱）任务"中进行介绍仅仅只是因为这个任需要靠学生的口头报告来达成其目标，也就是说，其语言产出形式是"说"。实际上，这个任务的完成需要综合运用分类、计算等认知技巧，看、听等理解性语言技能，以及数学运算、健康生活等学科知识，是需要学生高度投入的综合性任务。

4.3.4　读的任务

任务案例：Jigsaw reading: What's for lunch?

● 教学对象： 小学中高年级学生。

● 教学准备：

（1）一段文本，分段制作成小纸条，沿虚线剪开。

What's for lunch

　　Millions of children around the world eat lunch at school. Some bring their lunch from home. Others eat food that the school makes for them. Schools in different countries make different kinds of lunches.

① In France，children eat together in a cafeteria. They have a big lunch because they don't eat snacks in the morning. Sometimes they eat fish or sausages，with vegetables or salad. Then they may have fruit or a piece of cake.

② In Japan，children usually eat their lunch in the classroom. They eat soup，rice or noodles，fish and vegetables. They drink milk，too. After lunch，all the children work together to clean the classroom.

③ In Brazil，children may eat rice and beans，salad，and cooked vegetables or meat for lunch. And sometimes they eat fruit，as well.

④ In Russia，children eat vegetable soup and fish or meat with bread. One delicious soup，called borscht，is made with dark red vegetables called beets.

(选自 *Our World*)

（2）一张任务单。

表 4.7　拼图阅读任务单

Country	Where to eat	What to eat
France	＿＿＿＿	fish/sausages，vegetables/salad，fruit/＿＿＿＿
Japan	＿＿＿＿	soup，rice/＿＿＿＿，fish and vegetables，milk
Brazil	N/A	＿＿＿＿，salad，and cooked vegetables/meat，fruit
Russia	N/A	＿＿＿＿，fish/meat，bread

● 教学过程：

（1）教师通过两三个关于午餐的问题引入任务语境,激发学生通过阅读文本了解国外的小学生是怎样吃午餐的。

（2）将学生分为四人小组,给每个小组按照"法国""日本""巴西""俄罗斯"的顺序分别添加组名,每个小组发与组名对应的文本(每段文本用不同颜色的纸打印)。例如法国组的同学阅读第一段文本,四位同学通过阅读找到对应的信息,并通过小组讨论确认信息。

（3）学生在班上就近寻找手上拿着不同颜色纸条的同学组成新的四人小组。新小组内的每位同学有一次机会向另一位同学提问,也有一次机会回答其他组员的问题。通过这样的小组互动完成调研表。教师监督新小组内的同学不能互相抄答案。最先完成调研表的小组获胜。

● 任务解读：

拼图阅读(jigsaw reading)任务是交际式阅读教学中常用的一种形式,但不是所有的文本都合适用来设计该任务。一般而言,用于设计拼图阅读任务的文本最好是结构相似、信息不同的平行文本。另外,我们也需要注意,拼图阅读任务不仅培养学生的阅读能力,也通过互相提问和回答培养学生的口头沟通能力。当然,设计拼图阅读任务的初衷应该是为了用英语达成某个交际型的任务目标,如本任务中的设计就是为了完成一项微调研,而不是完成阅读理解题。

4.3.5 写的任务

▶ **任务案例**: Writing a short website article about "learning by doing"

- **教学对象**: 高中二年级学生。

- **教学准备**:

Writing a short website article about "learning by doing".

Lu Jun, who works for the Students' Union, is organizing an event themed "Learning by doing" for students in his school and a sister school in Singapore. Below is a short article he is going to post on the event website. Lu Jun is calling for more articles to be published on the website.

(*Sample writing*)

The art of learning by doing

The idea of "learning by doing" proved effective in one of the most unforgettable courses I took in the Art Club at school. To my surprise, the course named "Introduction to three dimensional design" was not computer-based at all, but focused on materials and their properties instead. One of the tasks was seeing what structure we could create simply by folding pieces of paper. We were encouraged to use our hands and cool tools to make as many things as possible, such as cranes, lanterns and frogs. Another task was to see how many materials could be removed from a wooden structure without it collapsing. This course has given us useful exposure to design principles because it actively engaged us in the learning process.

(改编自《高中英语(上外版)》选择性必修第一册)

- **教学过程**:
(1) Read Lu Jun's website article and underline the sentences used as supporting details.
(2) Which sentence below is more convincing? Why?
   A. We were encouraged to use our hands and cool tools to make as many things as possible, such as cranes, lanterns and frogs.
   B. We were encouraged to make many things.

Writing strategy: Using personal experiences as supporting details
Personal experiences and observations are often used to support a writer's statements. They can

---

be the writer's own or someone else's experiences. Personal experiences can help to convince readers if they are interesting, reliable, and are likely to remind readers of their own experiences.

(3) Write a general statement about "learning by doing".

e.g. The idea of "learning by doing" is becoming increasingly appealing to high school students.

(4) Think of your or other people's experiences involving "learning by doing". List some details and indicate how the experiences are supportive of your statement.

(5) Organize your personal experiences to support the general statement by referring to the sample writing. Complete the article in 90 – 110 words.

_____

(Statement)_____

_____

(Personal experiences as supporting details)_____

_____

_____

_____

(Concluding sentence)_____

_____

● **任务解读：**

写作技能是我们工作和生活中必备的语言技能，因此我们在设计写作任务时比较容易把握任务的真实性。例如这里展示的任务"撰写网络文章"就十分接近高中生的日常生活场景。相对来说，写作任务设计中比较有挑战的点在于如何为学生完成该任务提供支撑。在这个案例中，我们采用了"五步支撑"的设计：第一步引导学生研读范例并关注其中的写作策略（以个人经历作为论据）；第二步聚焦学习策略，通过句子的微观比较意识到运用该写作策略所达到的论述效果；第三步通过给出示范指导学生写文章的概括句；第四步通过引导学生回顾自己的生活经历或与他人交流收集有关个人经历的素材；第五步通过提供框架支撑帮助学生完成该文章的写作。这样的指导性支撑有利于降低学生在完成写作任务时的焦虑感，有助于帮助学生将教材和教师提供的语言辅助和策略支撑内化为写作能力，进而达成任务目标。

值得一提的是，从我们对这套教材的使用情况的追踪来看，有非常优秀的一线教师能够在实际教学中将教材中的写作任务变成真正的任务，例如上海市杨浦高级中学郑璟老师领衔的团队在他们学校创办校园英文报,鼓励学生拓展性地完成教材上的写作任务并在英文报的平台上投稿和发表。这样的做法真正做到将写作任务生活化。

4.3.6 展示或表演的任务

▷ **任务案例**: Performing a class live show: How adventurous are you?

● **教学对象**: 高中二年级学生。

● **教学过程**:

(1) Look at the pictures. Tick the activities you would love to try and cross those you would be too nervous or scared to do.

☐ crossing a desert ☐ snow boarding ☐ bungee jumping ☐ mountain biking

图 4.12 极限运动

(2) Work in groups. Compare your answers with those of your group members. Who has ticked the most activities in your group? Who is the most adventurous?

(3) The most adventurous student will be the group representative to go to the front to take questions. The audience can select any questions from the question cards below or create new questions to ask the speaker. If a group representative cannot answer a question within 15 seconds, he or she will be replaced by another group representative. The one who can answer more questions wins.

Do you think of yourself as adventurous? Why or why not?	What is the most exciting thing you've ever done? Tell us.
Do you like taking risks? Give an example.	If you were offered a space trip, would you go? Why or why not?
What adventurous jobs do you know? Would you like to do any of them? Why or why not?	What's your favourite adventure story, film, or book? Talk about it.

More questions:

(改编自《高中英语(上外版)》选择性必修第一册)

● **任务解读**：

展示或表演是教师常设计的课堂任务。这类任务有利于综合运用语言知识和语言技能，提升学生的口语能力和公众表现力，也有利于活跃课堂气氛。但是展示或表演任务在实施的过程中也会遇到一些问题，例如观摩展示的学生的活动参与度不足，或者展示的学生基于事先准备的文稿背诵，削弱了展示活动的交际性等等。这个展示任务的设计巧妙地引导学生从独立活动过渡到小组活动，再过渡到全班活动，做到学生全程、全方位地参与课堂互动。同时，由于上台展示的同学要根据台下观众的提问来确定展示的内容，互动的真实性和交际性可以大幅提升。

4.3.7　小结

本节介绍了根据语言技能类型来划分的六种课堂任务案例。我们不难看出，虽然每个任务案例的设计对某一项语言技能会有所侧重，但是不少任务也需要学生综合运用其他语言技能。事实上，综合技能任务，也就是需要运用两种及以上语言技能所完成的任务才是生活中最为常见的任务类型，最接近学生未来的语言应用场景，是最能发展和检验一个人核心素养的任务。因此，虽然我们在教学的初始阶段，出于某种特殊目的会设计和实施着眼某个单项技能的任务，但是随着学生的水平提升，最终要通过综合技能任务来有效提升核心素养，也应当通过综合技能任务来检测学生的素养水平。

4.4　根据语言知识的类型分类

4.4.1　语音知识任务

▶ **任务案例**: Tic Tac Toe

● **教学对象**：　小学中低年级学生。

● **教学准备**：

（1）一首儿歌。

Happy New Year

1，2，3，4!
Happy New Year
Hop，Hop，Hop
Happy New Year
Jump，jump，jump
（repeat）

Great job! One more time

1, 2, 3, 4

Happy New Year

Clap, clap, clap

Happy New Year

Stomp, stomp, stomp

Happy New Year

Touch your nose

Happy New Year

Touch your toes

Great job!

（2）一张任务单，设计成 Tic Tac Toe 的游戏格式。

● **教学过程：**

（1）把歌词单发给学生，听录音，将其中与 happy 中字母 a 发音相同的字母或字母组合划出来。

（2）再听一遍录音，将其中与 hop 中字母 o 发音相同的字母或字母组合圈出来。

（3）发任务单，给学生讲解 Tic Tac Toe（三连棋，又叫一字棋）的游戏规则，即"当 X 或 O 连成一排、一列、一条对角线时获胜（Get three Xs or Os in a row, column or diagonal to win.）"。教师可邀请一位学生分别用 X 和 O 作为棋子演示游戏规则。

（4）教师组织学生结对子活动，其中一名学生的棋子为这首儿歌中的或已知的包括发音/æ/的单词，另一名学生的棋子为这首儿歌中的或已知的包括发音/ɒ/的单词，规定每次出棋不能重复之前用过的单词。

● **任务解读：**

语音任务通常比较难设计，很容易变成机械的跟读活动。这个任务需要教师引导学生在听儿歌的同时开展听音辨音的活动，从而掌握/æ/和/ɒ/的发音。同时，还需要运用学到的发音来玩三连棋游戏。这是世界各地的小朋友都喜爱的游戏,也有利于提升学生学习语音的能动性。

4.4.2 词汇知识任务

▶ **任务案例: What clothes should I put in my suitcase?（由海桐小学项目团队设计[1]）**

● **教学对象:** 小学中低年级学生。

● **教学准备:**
（1）一张行程单,记录新西兰学生 Ella 和她的同学在上海的行程安排。
（2）一张任务单。

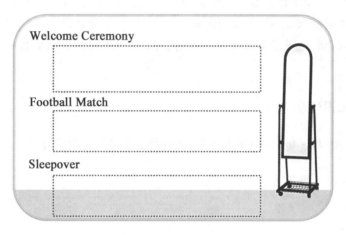

图 4.13　词汇知识任务单

● **教学过程:**
（1）教师介绍任务背景:新西兰学生 Ella 和她的同学要来我们学校交换一周。Ella 担任学生团的队长,她发来邮件,询问这个季节应该准备什么衣服比较合适。
（2）教师进一步介绍任务背景:新西兰地处南半球,那里正处在冬天。
（3）教师进一步介绍任务背景:经过紧锣密鼓的准备,Ella 一行在上海的行程安排终于确定了下来。教师引导学生读 Ella 的行程安排,从中发现在一周的参观体验中,有三个活动需要特别的着装,分别是:欢迎仪式、友谊足球赛和海洋馆夜营。
（4）组织学生按四人一组开展小组互动,向 Ella 建议,在箱子中放进合适的衣服。可以安排小组内的每个学生负责一种活动的衣服,另外一个学生负责常规的自选服装。

● **任务解读:**
和姚燕老师讨论备课设计时,笔者提出了对目前小学阶段词汇教学的两点担忧:一是

---

1 由姚燕老师执教,设计和实施该任务时为夏季。

容易脱离了语境教单词,例如使用单词卡片让学生死记硬背,这样的方式看似简单直接,但是学生在真实的语境中适切地使用单词会有困难。另一个担忧是倾向于教孤立的单词,而忽视对固定表达的教学,这样也不符合儿童学习词汇的特征。基于这两点担忧,姚燕老师和笔者设计了这个任务,其中涉及的目标词汇包括 school uniform、athletic shoes、boots、pants、shorts、jacket、T-shirt、blouse、scarf、slippers、sandals、pajamas。这些词汇是姚老师通过对学生需求以及他们日常穿着率最高的服饰的排摸确定下来的。

这个任务的情境设计特别注重真性和代入感,因为海桐小学项目期间我们项目组帮着牵线搭桥给海桐小学联系了一所新西兰的姐妹学校,很多海桐小学的学生都和这所学校的学生有一对一的通信联系,所以我们在创设的"Ella 和同学来海桐小学交换"这个交际情景对海桐小学的孩子来说有着特别的吸引力。

确定了目标词汇和任务场景之后,我们也确定了通过任务教学词汇的原则:第一,创设真实语境,什么场合穿什么衣服配什么鞋子,目标词汇的出现应真实自然,尽量接近现实生活;第二,丰富语言输入,精心设计教师话语,增加教师话语中目标词汇的出现频率;第三,任务目标引领,达成任务目标是重点,在达成任务目标的过程中接触、学习和掌握新词汇。

4.4.3　语法知识任务

▶ **任务案例: A place to stay for Jonathan(由海桐小学项目组设计[1])**

- **教学对象:** 小学四年级学生。

- **教学准备:**
(1) 一篇邮件文本。

Dear Richard,

　　Tomorrow I will come to Haitong Primary School again. I hope there is a bus stop or a metro station near the hotel. I have many friends. I want to buy some postcards and gifts for them. I hope there is a gift shop near the hotel. And I hope there is a post office near it. I can mail the postcards and gifts to my friends.

Regards,

Jonathan

---

(2) 一份任务单,介绍三家酒店及其周围设施的分布图,图 4.14 是其中一家酒店的分布图。

- **教学过程:**
(1) 教师介绍任务背景,英语教学专家 Jonathan 要来海桐小学观摩公开课,我们需要帮 Jonathan 挑选一家合适的酒店。
(2) 教师引导学生读 Jonathan 的邮件,了解 Jonathan 对酒店周边设施的具体要求,

1　由周忠杰老师执教。

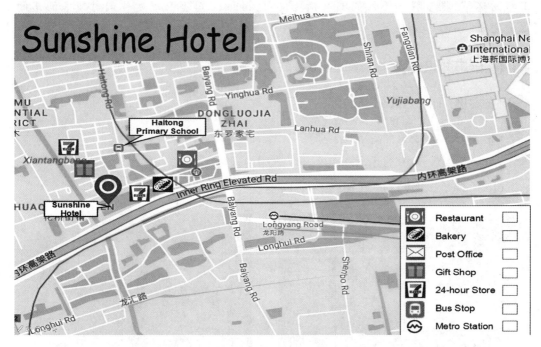

图 4.14　语法知识任务中的酒店分布图

明确需要帮 Jonathan 寻找靠近餐厅、地铁站、邮局、便利店、礼品商店、面包店和公交车站的酒店。

（3）教师以 Sunshine Hotel 的周边设施示意图为例，示范如何判断一家酒店是否符合要求，教师话语中体现目标结构 there be ...，并在 PPT 中呈现以下内容：

I think ... is a good choice, because there is/are ...

I don't think ... is a good choice, because there isn't/aren't ...

（4）组织学生以小组为单位开展活动，从三幅酒店周边设施示意图中挑选出最适合 Jonathan 的酒店，并说明理由。

（5）请正在现场听课的 Jonathan 告诉学生，他是否满意小朋友帮他挑选的酒店。

● **任务解读：**

这个语法任务的目标结构是 there is/are ...。我们在设计这个任务的时候在任务情境创设上花的心思比较多，特别注意寻找在真实生活中自然运用 there be 句式的情境，以及考虑这一情境如何与小学生的真实生活相结合。当时这堂公开课的一名评课专家是 Jonathan Newton 教授，我们于是"就地取材"创设了"帮 Jonathan 寻找酒店"这一语境。对于那天上课的孩子们来说，因为 Jonathan 就坐在教室里听课，这样也大大增加了这个任务的代入感。

这个任务的另一个特色是隐性语法教学，整堂课没有刻意地讲解语法规则，而是通过在音频材料、阅读文本和教师话语结合的多通道输入中融入目标句型，增加目标句式的输入频率；通过教师示范完成任务增加目标结构的显性度；再通过学生小组互动使用目标句式完成任务。笔者观摩这堂课时感觉整个流程非常自然顺畅，在学生汇报的环节,很多孩子已经能够准确地使用 there be 句型来表达他们对某家酒店的取舍判断。

4.4.4 语篇知识任务

▶ **任务案例: The Ant and the Dove**

- **教学对象:** 小学中高年级学生
- **教学准备:**

(1) 一段动画视频 *The Ant and the Dove*。

(2) 将故事内容分解为六部分,将图片连同文字分别放在六张纸条上,打乱顺序,每张纸条的背后粘贴双面胶。分发给每个小组一套材料。

(3) 一张任务单。

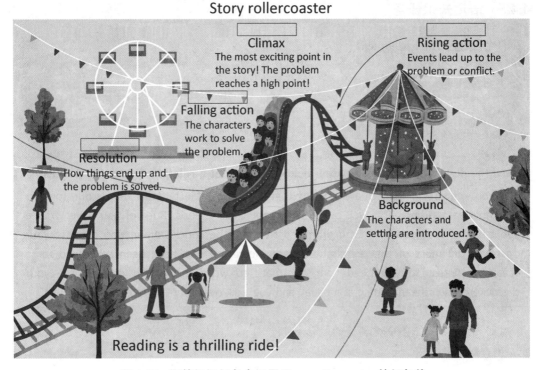

图 4.15 语篇知识任务中运用 Story rollercoaster 的任务单

● 教学过程：

（1）教师简要介绍故事背景，讲述故事的开端。

（2）教师组织学生通过小组互动，试着将打乱顺序的故事图片重新排序并编号。

（3）学生观看视频，检查自己的排序是否正确。

（4）教师讲解任务单上的 Story rollercoaster，用游乐场的过山车作比喻，简单通俗地讲解构成故事的五个部分：background、rising action、climax、falling action、resolution。

（5）再次组织小组互动，引导学生将图片编号填入任务单上对应的空格内。然后经师生讨论确认正确的答案。

（6）学生根据补充完整的 Story rollercoaster 复述故事。

● 任务解读：

在语言教学中渗透有关语篇的知识，帮助学生建立语篇意识，把握语篇结构特征，有利于提高学生理解和构建语篇意义的能力。这个任务旨在帮助学生把握叙述性语篇中情节推进的基本要素。首先，通过教师介绍故事背景和讲述故事的开端，激活学生的背景知识。接下来，通过小组合作对故事内容排序，帮助学生调动自身认知资源建构故事情节，再观看故事视频，进一步确定任务完成情况并树立信心。这是一个隐性的学习过程，学生无意识地运用到了他们过往学习生活中经过大量的听故事、讲故事积累形成的有关故事语篇结构的知识。在第四个步骤的讲解中，教师的显性讲解可以将学生的隐性学习显性化，帮助学生确认自己的认知假设。第五至第六步是将学到的语篇知识运用于对原故事的分析和表达中，有利于巩固和内化语篇知识。

4.4.5　语用知识任务

▶ **任务案例**: The assignment

● 教学对象：高中学生。

● 教学准备：

（1）一张任务单。

Read the description of the situation below and act out a role play with your partner.

You and your classmate are working together on a project report that is due tonight. You know each other fairly well but you are not close friends. Both of you have written about half of the report but you promised to write the conclusion section because your classmate did most of the preparation work. However，you have been scheduled for a speaking contest so you need your classmate to write the conclusion. You see your classmate in the cafeteria sitting at a table，and you walk over. Your classmate will speak first.

（2）两段根据任务情境拍摄的对话视频。

● 教学过程：

（1）教师讲解任务情境。

（2）播放两段对话的视频,请学生关注两段视频中道歉和请求的表达有什么不同,并通过小组讨论发现哪种表达效果更好及其理由。

（3）教师引导学生归纳出道歉和请求的恰当表达方式和语用规则。

（4）组织学生结对子活动,采用在第三步中学习的适切表达完成角色扮演。

● 任务解读：

尽管语用知识和语用能力在外语交际中至关重要,教材和课堂教学中对语用的关注度却并不高,针对提升语用能力设计的任务也比较少见。这个任务改编自笔者与 Rod Ellis 教授合作的项目 Testing and teaching second language pragmatic skills,设计这个任务的目的在于提升学生得体恰当地沟通的意识,掌握在任务描述的交际场合下,同学之间道歉和请求应使用的适切表达,从而礼貌、得体地与同学交流。

这个任务的特点之一在于情境创设特别符合高中生的日常学习生活场景,合作完成研究报告、参加社团活动等场景,都是目前高中群体常见的经历。另一个特点是通过视频示范,让学生在小组互动中通过比较发现语言使用的规则,再通过角色扮演将学到的语用规则运用到真实交际中。

4.4.6　小结

本节介绍的五类语言知识任务的设计案例,具体展示如何通过任务教授语音知识、词汇知识、语法知识、语篇知识和语用知识。在教学实践中,不少教师认为语言知识应当通过讲授规则、反复操练等显性教学手段来讲授。事实上,让学生在完成任务的过程中隐性地学习语言知识也是行之有效的教学方法。这种方法不仅有利于学生掌握语言知识,也有利于增强学生主动学习的意识和能力,提升学生的学习投入度和学习动机。

4.5　根据"差"的类型分类

4.5.1　信息差任务[1]

▶▶ **任务案例: Gap statement in research paper**

- **教学对象:** 参与科创项目的高中生。

- **教学准备:**

(1) 一张任务单,其中教师呈现 10 句来自社科论文(SS)的 gap statement 的示例,10 句来自理工科论文(SE)的 gap statement 的示例。同时需要呈现一个表格。

表 4.8　论文中关于 gap statement 的记录表

Area	Strong ←		→ Weak	
	Something is wrong.	Something is missing.	Something is unclear.	Add something new.
SS				
SE				
My area				

(2) 学生根据自己的项目选题分 2—5 人一小组,每个小组每人准备 2—3 篇与项目相关的英文论文。

- **教学过程:**

(1) 教师讲解英语学术论文写作中 gap statement 的定义及其作用。

(2) 教师给出四个例子,说明 gap statement 从语气最强到最弱的四种写法。

(3) 教师发放任务单,组织学生通过小组互动阅读这些例句,判断每个句子属于哪种类型的 gap statement,并且把句子编号填在表格中对应的位置,进而引导学生得出结论,社科类论文的 gap statement 倾向于用哪种类型,理工科论文的 gap statement 倾向于用哪种类型。

(4) 组织学生开展小组活动,每个学生向组员展示自己找到的论文中的 gap statement 并判断其类属。最后得出结论,自己选题方向的论文倾向于使用哪种类型的 gap statement。

(5) 每组推选一位学生代表,向其他组的同学介绍自己专业选题方向论文的 gap

---

1 gap statement 在论文的引言部分,这部分用来指出前人的研究存在某种不足,从而为后文介绍自己的研究做铺垫,是整个引言部分的点睛之笔。

statement 的文体特征。

● **任务解读**：

这个任务可以用于帮助参与科创项目的高中生掌握英文论文中 gap statement 的特征。Gap statement 是学术读写教学的重点和难点，其棘手之处并不是语法或用词等语言组织上的问题，而是语气强弱的拿捏，不同选题的论文的 gap statement 通常呈现不同的语气。这个任务通过三个环节的归纳式观察激发学生的自主性，鼓励学生主动观察和探寻文本特征；通过学生自己介绍手头论文的特点，增加他们的主动性和获得感；通过小组活动和总结展示提升学生的合作能力和领导力，同时降低任务难度，减轻学生对学术读写的畏难情绪。

4.5.2 观点差任务

▶ **任务案例**：**Helping people（改编自 Van den Branden 2006：79）**

● **教学对象**：小学高年级或初中学生。

● **教学准备**：

一张任务单。按班级分组情况拆分成若干张纸条，每张纸条上包括一个问题，确保四个问题都能分配给学生。

表 4.9 观点差任务中学生的困扰展示

Help!	
Angry I am a girl of eleven. When I can't work something out，I tend to get very angry. Then I start kicking things around. Who can help me stop doing this?	**Nail biting** I always bite my nails. I bite them all day long. My nails are very short. I have already put some stuff on them. I tasted bad，but it didn't work. Who knows what I should do?
Sweets I eat a lot of sweets，even though my mum and dad tell me not to. My teeth are rotten. But I like it so much. Sometimes I search the whole house for sweets. This has to stop. Can anybody help me?	**Pet** I want to have a pet，like a cat or a dog. But I can't have one. Sob! Sob! What can I do to convince my parents?

● **教学过程**：

（1）教师介绍任务背景：学校的少先队大队部在校园内设置了一个"解忧树屋"来信箱，学生可以把自己遇到的困扰写下来投入信箱，"解忧小组"的工作人员会阅读学生的来信并给出建议。根据这一背景，教师引出任务要求，阅读学生来信，并给予回复。

（2）教师组织学生以 3—4 人小组为单位展开互动，让每个小组抽签选取一个问题进行讨论：Try and come up with a solution to this problem.

（3）讨论结束后每个小组根据拿到的问题写下回复建议。

● **任务解读：**

这是一个很接近中小学生生活实际的任务,任务语境对标"人与社会"主题语境下"社会服务与人际沟通"这一主题群。任务单上列出的四封来信都十分贴近中小学生在生活中常见的烦恼,代入感强。参加小组互动的同学可能对拿到的问题有不同的建议,这样就产生了观点差,在伴随观点差的讨论中就更加容易出现意义协商(negotiation of meaning),从而促进语言学习。

4.5.3 推理差任务

▶ **任务案例：Whose bag?（由海桐小学项目团队设计[1]）**

● **教学对象：** 小学五年级学生

● **教学准备：**

（1）一个包,里面有一条红领巾、一张公交卡、几本书、一个笔记本、一根跳绳。

（2）一份任务单。

活动一：What's in the bag? 要求学生选用 is、are、isn't、aren't 将目前已掌握的信息补充完整,例如：There are some books in it，but there aren't any names on them. The books are for Grade Four.

活动二：Whose bag is it? 学生阅读三位遗失了书包的失主贴出的寻物启事,根据所提到的包中物件以及一些个人信息,如"I always walk to school.",通过推测或排除的方式找到书包真正的主人,并阐明理由。

● **教学过程：**

（1）教师拎着包进入课堂,把包放在讲台上,对全班同学说："I found this bag on my way to school. Whose bag is it? There is no name tag on the bag."从而创设任务情境,并导出任务目标——寻找书包的失主。

（2）为了进一步激活学生脑中与任务话题有关的词汇,教师引导学生对包中的物品做简单的猜测,"Guess, what's in the bag?",由于该活动主要关注语言的意义,而非语言的形式,所以教师并不要求学生必须使用完整的句型,只是在重复学生的答案时,会有意识地将回答补充完整,如：

S：Maybe a book.

T：Yes，maybe there is a book in it.

（3）教师依次呈现包中的物品,并且引导学生猜测失主的身份。在这个过程中,教师需要注意三个事项,一个是应当对学生的已知词汇有所把握,先呈现学生熟悉并知道如何表达

---

[1] 由沈秀娟老师执教,略有改编。该教学任务设计案例发表在《中小学外语教学》2017 年第 12 期。

的物品,再逐渐过渡到较难的词汇。例如教师先呈现书包中的红领巾,看到熟悉的红领巾,不少学生们兴奋得脱口而出"A red scarf！A student!"。

第二个问题是保证任务进行过程中的意义优先原则,不必刻意要求学生用完整的、严格合乎语法规范的语言发表观点,教师可以通过重铸等纠错性反馈修正或补充学生的表达。例如:

T：Why do you think the owner is a student?

S：Because only students have red scarf.

T：Yes, there is a read scarf in the bag. And only students wear red scarves.

第三个问题是,教师应当鼓励学生大胆讨论,对于学生偏离教师预设的观点,只要能给出合理依据,要充分肯定,以激发学生的创新思维。例如有学生认为包里放红领巾的不一定是学生,也有可能是教师,因为学校的教师参加周一早上的升旗仪式也是要戴红领巾的。这样的想法就应该得到教师的鼓励。

教师根据学生的猜测,在黑板上逐条列出大家发现的线索,包括:

① red scarf—student

② books—Grade 4

……

(4) 当书包中所有物件被一一展示并讨论完毕后,教师下发了任务单。引导学生完成活动一,来巩固本堂课的目标语言结构:there be 句型。再通过小组活动完成活动二,找到包的失主。

● 任务解读:

这是笔者在海桐小学项目中印象十分深刻的一节课。一方面是因为它的设计十分真实、巧妙,更重要的一方面是因为沈老师相对比较独立地完成了这堂课的设计和实施,并且在笔者的指导下完成了教学案例的撰写和发表。值得一提的是,这一切都是沈老师在日常教学的过程中完成的,而不是为了准备某节展示课或者竞赛课所做的努力。我也是因为那天傍晚跟沈老师班上的孩子聊天,听到小朋友很兴奋地说"丢包的那个人",细问之下顺藤摸瓜才发现这个任务设计的案例。虽然沈老师这节课设计起来颇费心思,实施起来也十分不易,临场需要照顾各种复杂因素,处理各种超预期的情况,但是能为学生带来一堂难忘的课,也是非常值得了。

这里附上海桐小学项目在教师培训环节曾使用过的任务范例。由此可见,教师是在把握任务设计基本原则的情况下,将这个任务巧妙地转化成了适合她的学生的新任务。

Things in pockets

An overcoat was found on a plane after a flight from San Francisco to London. The objects that you have in front of you were all found in the pockets of that overcoat. Can they tell us anything about the owner? As a group, look at everything carefully and share your ideas about the identity of the owner of the overcoat. Be ready to present your group's ideas about the person to the rest of the class and to explain how certain you are about your ideas.

You can use the chart to organise your ideas and to show how certain you are about each one. For example，if you are 100% certain that you know the person's name，write it in column 3（100% certain）. But if you are not at all certain about the person's name，use Column 1（less than 50% certain）. If you are almost certain that you know this person's name，use Column 2（90% certain）.

表 4.10　推理差任务设计（Samuda & Bygate 2008: 9 - 10）

	Less than 50% certain (it's possible)	90% certain (it's probable)	100% certain (it's certain)
Name			
Sex			
Age			
Marital status			
Occupation			
Likes and interests			
Recent activities			
Any other ideas			

4.5.4　小结

本节介绍了信息差任务、观点差任务和推理差任务的设计案例。从笔者与一线教师合作设计任务的实践经验来看，往往教师们在设计中最容易忽略的点就是设计"差"，不论是设计哪种"差"都十分考验教师的创新能力，尤其在大班化的课堂中，需要教师通过某种"巧思"对课堂互动有精准的预判和掌控。这种能力不是与生俱来的，而是要在长期的教学实践和反思中提升，教师可以通过集体备课、行动研究等方式不断打磨任务设计，精益求精地设计好教、易学的任务。

4.6　根据有无语言输出要求分类

4.6.1　基于输入的任务

▶ **任务案例：**"No，No，No" game（由海桐小学项目团队设计[1]）

●**教学对象：** 小学中低年级学生。

1　由 Matthew Hager 老师执教。

● **教学准备**：

（1）一篇故事，可以以文本的形式呈现，也可以以音频或者视频的形式呈现。

（2）在原故事的基础上改编的故事，其中包括若干处和原文不一致的信息。

● **教学过程**：

（1）教师引导学生读、听或看故事。

（2）教师将全班学生分为几个大组，可以根据班上的座位安排自然分组。教师讲解游戏规则：教师会复述刚才读、听或看到的故事，其中会有几处信息和原来的故事不符合的地方，听到错误信息的时候，第一个说出"No, No, No"的同学所在的小组即可获得一颗星星，最后获得星星数量最多的小组获胜。

（3）教师引导学生完成游戏。

● **任务解读**：

基于输入的任务比较适合用在初学者的课堂，因为它不需要学生具备很高的语言产出能力，这个任务中学生唯一需要说的话就是"No, No, No"，几乎没有任何语言产出的压力，因此可以降低学生的焦虑感，激发学生的参与热情，所以特别适合语言学习初期理解能力达到一定阶段但是产出能力还不足的学习者。这个任务还有一个特点就是方便课堂组织，它的主要互动方式是教师和全班学生互动，教师比较容易掌控节奏。

4.6.2　基于输出的任务

▶ **任务案例**：Creating a daily routine in 2050

● **教学对象**：高中二年级学生。

● **教学准备**：一张思维导图。

● **教学过程**：

（1）Work in groups. Imagine you travel to the Year 2050 in a time machine. What would your typical day be like? Brainstorm ideas and develop a mind map.

（2）Prepare a presentation describing your daily routine in 2050.

（3）Select a group representative to give the presentation to the class.

● **任务解读**：

这个任务出现在"未来生活"单元的结尾 Further exploration 板块，这个板块在单元中的作用是引导学生综合运用在这一个单元学到的关于"未来生活"的知识、技能、策略等，以口头报告的形式呈现对 2050 年未来生

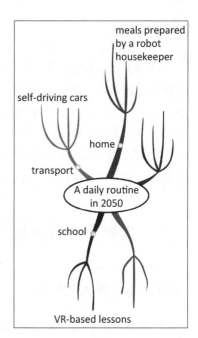

图 4.16　**A daily routine in 2050** 思维导图（来源：《高中英语（上外版）》选择性必修第一册）

活的展望,因此在这个环节的学习中适合安排基于输出的任务。这个任务为学生提供了展示所学、学以致用的机会,有利于帮助学生回顾和巩固单元知识,并融会贯通地加以运用,从而增强语言学习的效能感和自信心,提升核心素养。

4.6.3 小结

本节介绍了基于输入和基于输出这两类任务的设计案例。一线教师通常对有输出要求的任务比较熟悉,有些教师甚至认为任务都应该有输出要求,这其实是一种误解。基于输入的任务也是语言教学的重要手段,而且在语言学习的初始阶段能够发挥其特有的作用。

4.7 根据是否聚焦目标结构分类

4.7.1 聚焦型任务

聚焦型任务(focused task)具有任务的所有特征,但是其设计用意还包括让学习者在处理语言输入和输出的同时,将其附带注意放到某个具体的语言形式上(Ellis 2003:342)。

> **任务案例: An earthquake(选自 Li et al. 2016b)**

- **教学对象:** 初中二年级学生。

- **教学准备:**
(1)一份生词表,涵盖故事中的生词。
(2)一份提示材料,包括故事中出现的关键名词和动词原形,例如 child、injure。
(3)一份 PPT 文件,每一页上包括故事中的一段内容、配图、配单词注释。

Kiki was raised in a small house in the countryside. One day he was playing when suddenly there was a big earthquake. He was knocked down by the falling bricks. Then the walls fell down. He was trapped in the house. It was very dark. Kiki was badly hurt and could not move. Later Kiki's mum came back home. She saw the house was destroyed. She thought her boy was buried in the house. She shouted out to him. He could not hear her because he was covered with bricks. Some dogs were brought to search for him. Kiki was found. The bricks were removed. Kiki was pulled out of the wreckage of the house. He was carried to the local hospital. He was put in an emergency room for treatment. He was given special food to help him recover. He was allowed to leave the hospital after one month.

(改编自 *Reader's Digest*)

● **教学过程**：

（1）教师引导学生学习生词，然后通过1—2个头脑风暴问题引起学生对地震这一话题的关注，激活已有的知识图式。

（2）下发提示材料。教师给学生讲故事，总共讲三遍。第一遍用正常的语速讲；第二遍放慢语速，每张PPT对应的内容讲完后停顿5秒；第三遍用正常的语速讲。

（3）教师组织学生结对子开展活动，两位同学需要合作完成复述故事，并且为这个故事添加一个结局。教师告诉学生，各组展示结束后会在班上评选最佳故事结局。

（4）学生分小组依次进行复述和添加结局的展示，教师通过纠错反馈给予支撑。最后评选出最佳故事结局。

● **任务解读**：

这是一个典型的聚焦型任务，对应的目标结构是过去时的被动语态，这段文本选自 *Reader's Digest* 杂志，我们在设计任务的时候对原来的文本进行了改编，将体现目标结构的动词自然地融入其中，保证目标结构保持合理的出现频率。在设计思路上，这属于国外比较常见的合作听写任务（dictogloss task），也就是让学生根据听和记下来的关键词进行文本重构。这个任务中提示材料的设置能够帮助学生尽量使用目标结构来完成任务，从而巩固学习效果。同时，为了增加任务的趣味性，我们在文本重构的基础上添加了预测结局的元素，这样在小组汇报的环节能够通过组间信息差调动学生参与。

4.7.2　非聚焦型任务

非聚焦型任务（unfocused task）是用于鼓励出于交际目的的语言理解和产出的任务，也就是说，"这类任务的设计意图不包括将学习者的注意引向某个具体的语言形式"（Ellis 2003：352）。

▶ **任务案例**：**Reporting a mini-survey about volunteering**

● **教学对象**：高中二年级学生。

● **教学准备**：一张任务单。

表4.11　非聚焦型任务的任务单（选自《高中英语（上外版）》选择性必修第一册）

Name	
Answer to Question 1	
Answer to Question 2	
Answer to Question 3	

● **教学过程：**

Step 1：Work in a group of three or four. Each member asks a classmate outside your group the following questions about volunteer work. Take notes by using the table.

> Question 1：Do you know anyone who has done volunteer work? If yes，where and why did they volunteer？
>
> Question 2：Would you like to work as a volunteer in the same way? Why or why not？
>
> Question 3：Can you think of some other ways to help people in need? What are they？

Step 2：Share your notes in the group and work together to find out why and how people volunteer.

Step 3：Select a group member to report your findings in class.

● **任务解读：**

和前一个任务相比，这个任务的语言理解和表达均没有涉及具体的某个语言结构，是一个典型的非聚焦型任务。这一类任务比较适合用在单元教学的后端环节，学生在完成这个任务的过程中能够复习和综合运用所学到的知识和技能。我们也可以看出，相对于聚焦型任务来说，非聚焦型任务的活动形式更加灵活，语言输入和输出的表达自由度也更高。

4.7.3　小结

本节介绍了聚焦型任务和非聚焦型任务的设计案例。对于有明确语言形式教学目标的课堂而言，教师采用聚焦型任务能够有效平衡有意义的语言使用和语言形式学习之间的关系。但是，聚焦型任务的设计对于教师的文本编创能力和课堂话语组织能力的要求很高，撰写或者改编内容引人入胜又巧妙融入语言点的文本对教师而言是不小的挑战。教师可以在这方面加强学习和实践。

4.8　根据交际场景的类型分类

任务的真实性（authenticity）包括情境真实性（situational authenticity）和交际真实性（interactional authenticity）（Bachman 2002；Ellis 2017）。其中交际真实性是不可或缺的，而情境真实性是在部分任务中才具备的。真实世界任务（real-world task）既具有情境真实性也具有交际真实性，而教学场景任务（pedagogical task）只具备交际真实性。例如前面介绍的"Whose bag?""A place to stay for Jonathan""Helping the restaurant"这几个任务都是真实世界任务，因为我们在现实生活中也会处理类似的问题。而"The Ant and the Dove""Making a story map"这两个任务我们通常在日常生活中很少用到，但是在教学场景中是能够带来真实交际的，所以是教学场景任务。

4.8.1　真实世界任务

▶ **任务案例**: **Video making: My hero**

- **教学对象**: 初中以上年级学生。

- **教学准备**:

（1）一段关于人物的视频（教师用英文配音）。

（2）电脑、音视频剪辑软件、录音设备。

- **教学过程**:

（1）教师给学生展示自己制作的视频，并简单讲解制作视频的方法。

（2）学生分组，每组学生选定一个人物，以教师展示的短视频为范例，讨论决定一个人物，可以是英雄，也可以是自己崇拜的体育偶像等，自制一段1—2分钟的短视频，在网络平台或者学校的学习平台上发布。

（3）教师引导学生对视频进行互动和互评。

- **任务解读**:

用视频表达自我、互相交流的场景在现代生活中比比皆是。在条件好一些的地区，小学高年级以上的孩子就已经能够十分熟练地进行视频制作和编辑，甚至在网络平台发布视频、与粉丝互动也是他们的日常行为。我们在教学中不妨大胆设计，用真实世界任务来检验和发展学生的核心素养。当然，这样的任务会占据比较多的时间，教师可以考虑把真实世界任务运用在校园文化节、假期社会实践、跨学科项目等活动中，从而寓教于乐，学以致用。

4.8.2　教学场景任务

▶ **任务案例**: **The seeds**[1]

- **教学对象**: 小学中高年级学生。

- **教学准备**:

（1）一段视频故事。故事文本内容如下：

Seeds[2]

Three friends live in the woods. Armadillo，Sloth，and Bird.

One summer day，Armadillo，who loves to garden，gave his friends seeds to sow and then be able to harvest in the future. "Here are some seeds we can plant in a garden to grow delicious food."

---

[1] 该任务由吴成芳指导设计，曾在上海市普陀区真如文英中心小学实施，由林玲老师执教。此处略有改动。

[2] 本章少数语篇源于网络视频。

Armadillo and Bird immediately rolled up their sleeves and planted a lovely garden. They watered their vegetables every day and watched them grow.

But their friend Sloth had eaten his seeds and didn't work. He didn't understand why they have to work, for he just wanted to play. "It's a beautiful day. Working is no good. Be lazy like me and come play." His friends didn't answer him and kept working in their garden because they knew it was important to get ready for the harsh winter.

Fall came and Armadillo and Bird began to harvest the fruits of their labour and store firewood in their houses to keep them warm during the winter. Sloth continued to do nothing. He was too busy watching the leaves fall. "Winter is almost here, Sloth, we have to get ready for the cold. Soon there won't be any food left in the woods." "You are so boring. Always work, work, work. You never play. I'm sure I'll be able to find food in the winter. Come to play with me by the river for a while!" They said no, they had a lot to do. Sloth went to swim by himself.

Winter arrived and with it snow. There was no more food left in the woods. All the animals were in their houses away from the cold. Bird and Armadillo too. Sloth decided to go ask them for help. Sloth: Armadillo, Bird … please, I'm terribly cold and I'm very hungry. Can you help me?

Armadillo: What were you doing while we were working, planting and getting ready for the winter, Sloth?

Sloth: I ignored you. I ate the seeds you gave me and played all day.

They decided to help him and let him in. But they reminded him how important it is to work hard and get ready for the future.

（2）一张任务单。

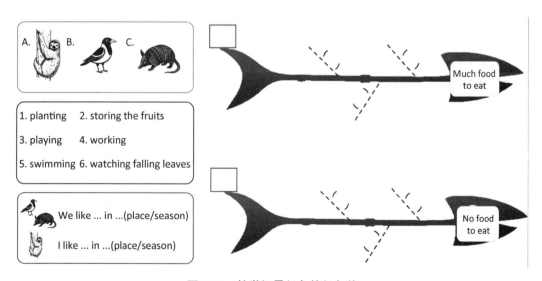

图 4.17 教学场景任务的任务单

● 教学过程：

（1）教师引导学生看视频,把握故事情节。

（2）教师给学生讲解示范如何用鱼骨图来呈现语篇中的因果关系。

（3）教师组织学生分小组互动，用故事中的信息将任务单上的鱼骨图补充完整。

● **任务解读**：

我们在日常生活中使用鱼骨图的情况并不多见，但是借助图表理解、巩固和运用知识却是我们在学习场景中经常发生的情形。"The seeds"这个任务旨在借助鱼骨图帮助读者理解故事语篇中的因果关系，把握其中的关键信息点及其逻辑关系。因此这个任务的真实性不是体现在日常交际中，而是体现在课堂教学这个特定的场景下。

4.8.3　小结

本节介绍了真实世界任务和教学场景任务这两类任务的设计案例。由于课堂教学时间和空间的限制，教师在课堂上使用的任务往往无法全部兼具情境真实性和交际真实性，但是应当保证其交际真实性。同时，教师可以设计真实世界任务用于课外的拓展学习，以任务为纽带衔接课内外学习。

4.9　根据任务产出的开放性分类

从任务的产出结果来看，任务可以分为开放式任务（open task）和闭合式任务（closed task）。开放式任务是指有多种可能产出结果的任务，而闭合式任务只有一种产出结果（Ellis 2019a）。前面提到的"Creating a daily routine in 2050"属于开放式任务，而"Making a story map"就属于闭合式任务。

4.9.1　开放式任务

▶ **任务案例**：**The next spring**[1]

● **教学对象**：小学中高年级学生

● **教学准备**：一张任务单。

● **教学过程**：

（1）教师引导学生回顾 *Seeds* 的故事梗概。

（2）教师组织学生开展四人小组互动，给 *Seeds* 加上一段续写，预测树懒和它的朋友们在下一个春天会做什么。教师可以利用下面的文本给出一段示范：

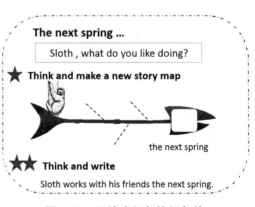

图4.18　开放式任务的任务单

1　该任务由吴成芳指导设计，曾在上海市普陀区真如文英中心小学实施，由林玲老师执教，此处略有改动。

By spring，Sloth had learned his lesson. And he realised how much fun it was to do things with his friends. They taught him how to plant seeds and make an even prettier garden than the previous one.

Armadillo & Bird：Thanks for the hats, Sloth! You're right，you've got to be careful in the sun.

Sloth：Thanks to you guys for helping me when I needed it.

They lived happily ever after with their tummies full. Armadillo and Bird taught Sloth that it's important to play but also to work hard and think about the future. If they had played like him，they wouldn't have a house or food. Sloth learned that work was important to get ready for winter.

（3）在条件允许的情况下,教师可以组织学生根据自己续写的内容做角色扮演。

● 任务解读：

这个任务是前一个任务的延续,也是课堂设计中的最后一个任务,用于帮助学生在新情境中运用前面所学到的语篇组织技巧,即"鱼骨图"来组织关键信息,形成因果关系。同时,这个任务鼓励学生以教师的示范为引子,发挥想象续写更加有趣的、有新意的结尾。因此,这个任务的产出结果是多元化的,所以这个任务是典型的开放式任务。

4.9.2 闭合式任务

▶ **任务案例：Picking up James at the airport**[1]

● 教学对象： 小学低年级学生。

● 教学准备：

（1）一张任务单。

表 4.12 闭合式任务的任务单

Age	[ ] old	[ ] middle-aged
Height	[ ] tall	[ ] short
Hair	[ ] dark	[ ] fair
Clothes	[ ] shirt	[ ] sweater
Glasses	[ ] wear glasses	[ ] no glasses

（2）一段短视频,其背景是机场的到达层出口,几位旅客推着行李从机场出来。

● 教学过程：

（1）教师向学生介绍任务背景：一位知名教授James要来我们学校参观,他对上海的

---

1 该任务由吴成芳指导设计,曾在上海市普陀区金鼎小学实施,由李燕雯老师执教。此处略有改编。

交通不太熟悉,所以需要去机场接他。但是老师和学生都没有见过 James,所以出发之前先要记住他的长相。

(2)教师向学生展示 James 的照片,引导学生一起描述 James 的长相,并在任务单上勾选出对应的描述词。

(3)教师组织学生开展小组互动,根据任务单上的提示描述 James 的外貌特征。

(4)假设大家已经到达机场到达层出口,教师播放短视频,每位乘客出来时按暂停键,问学生:Is this James? Why? 直到认出 James 为止。

● 任务解读:

这是一个典型的闭合式任务,因为任务的要求是到机场接 James,所以结果只能是与照片上的外貌特征相一致的那位乘客。我们可以看出,虽然最后的答案是唯一的,但是这个任务非常接近现实生活的场景,根据事先记住的 James 的外貌特征来辨认视频中出现的乘客是真正需要调动语言和认知资源来解决的问题。教师可以根据学生的水平对视频进行剪辑,通过调整人物的数量,或者调整其外貌特征来控制任务的难度和复杂度。

4.9.3 小结

本节介绍了开放式任务和闭合式任务的设计案例。笔者在和一线教师的接触中发现,有的教师倾向于简单地将开放式任务等同于主观题,将闭合式任务理解为客观题。实际上,不论任务的结果多元还是唯一,都应满足定义任务的四个条件,教师在设计任务时应牢牢抓住这些基本要素。

4.10 结语

本章介绍了 9 个分类维度共 33 种类型的任务设计实例,这里面的大多数例子是笔者在教师教育和教材编写实践的过程中和团队一起设计打磨出来并经过教学实践检验的,也包括少数文献中提到的比较经典的案例。本章呈现这些任务实例,笔者不期望一线教师将它们视为设计任务的范例或者样板,但是希望它们能够启发一线教师的思维,在把握任务设计基本原则的情况下,结合学生和课堂的现实情况,对应调节任务的设计和实施的变量,设计出符合教学目标要求和学生需求的任务。

第五章　教学评价中的任务

5.1　教学评价的定义及内涵

评价(assessment)是指"通过系统地收集多渠道信息以推断学生的能力或者课程的效果,评价可以以测试、访谈、问卷、观察等方式进行"(Richards & Schmidt 2010: 35)。"测试"一词常用于大规模标准化考试,而"评价"一词的使用范围更广,包括各种类型的考试和评价(Richards & Schmidt 2010: 36)。根据《高中英语课程标准》的要求,"教学评价是英语课程的重要组成部分,其目的是促进英语学习,改善英语教学,完善教学设计,监控学业质量"(教育部 2020: 80)。在本章中,我们先了解关于教学评价的几组基础概念。

5.1.1　形成性评价与终结性评价

教学评价就其功能而言可以分为形成性评价(formative assessment)和终结性评价(summative assessment)。形成性评价是指"在学习者的素养和技能形成的过程中所做的评价,其目的是帮助他们进一步促进学习发展。学习者素养和技能形成的关键在于师生秉持学习发展的视角,教师对学习表现提供恰当反馈,同时学生内化教师的反馈"(Brown & Abeywickrama 2010: 8)。

Black 和 William(2009: 9)认为,"如果课堂中教师、学生或者同伴能够收集关于学习成就的证据,并加以解读和利用,从而为下一阶段改进教学提供决策依据,而不是毫无依据地决策,这就是形成性评价"。Black 和 William(2009: 8)提出形成性评价包括五条重要策略:

(1) 明确学习目标和成功标准。

(2) 设计有效的课堂讨论以及其他能证明学生是否理解的任务。

(3) 提供能够促进学习的反馈。

(4) 鼓励学生成为彼此的教学资源。

(5) 鼓励学生成为自己学习的主人。

这五条策略的关系如表 5.1 所示:

表 5.1　形成性评价五条策略的关系(Black & William 2009:8)

	学生的学习目的	学生目前的状态	如何达到目的
教师	(1) 明确学习目标和成功标准	(2) 设计有效的课堂讨论以及其他能证明学生是否理解的任务	(3) 提供能够促进学习的反馈
同伴	了解和分享学习目标和成功标准	(4) 鼓励学生成为彼此的教学资源	
学生	了解学习目标和成功标准	(5) 鼓励学生成为自己学习的主人	

终结性评价(summative assessment)通常在课程或单元的教学结束时进行,旨在测量或总结学生学习掌握的情况。终结性评价意味着回顾学习历程,对学习者完成学习目标的情况做出判断,但是并不一定指向未来的进步(Brown & Abeywickrama 2010:8)。"对形成性评价和终结性评价的区分有一定作用,但是它提出了一种错误的二分法,因为终结性评价的手段能够被用于形成性评价,同样,形成性评价的手段也能被用于终结性评价"(Salamoura & Unsworth 2015:3)。

5.1.2　学习导向型评价

学习导向型评价(learning-oriented assessment,LOA)是"将学习置于评价的中心地位,重新设置评价设计以强调其学习功能"(Keppell & Carless 2006:181)。Carless (2015)认为学习导向型评价的核心要义在于其赋有提升学生学习成效的潜力。Carless (2007)认为学习导向型评价应当遵循三个原则:第一,设计的评价任务应当激发充分的学习实践;第二,应当让学生主动参与到标准、质量、本人和同伴表现等评价环节中来;第三,反馈应及时且着眼发展,以支撑眼下及未来的学习。归结起来就是三个关键词:适切任务、学生参与和有效反馈。其结构关系如图 5.1 所示:

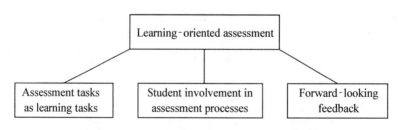

图 5.1　学习导向型评价的构成(Keppell & Carless 2006:181)

Carless(2015)具体阐明了学习导向型评价模式中三个基本要素的关系(如图 5.2):置于模式图顶端的学习型导向评估任务是学生学习和决定如何学习的重要驱动力。置于模式图左下端的代表学生的评价专项知识,包括其参与制定评价标准、发展自评能力、对自己和同伴的学习成果做出有根据的判断等。评价专项知识对学生学习至关重要,因为学生需要知道优质表现的内涵方能监控和提升自己的学习。所以,教师的一项重要职责是帮助学生培养与此相关的鉴别力和判断力。置于模式图右下端的因素是学生对反馈的参与度,重点是学生得到反馈后能做什么,而不是教师如何提供反馈。

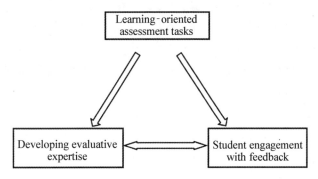

图 5.2 学习导向型评价模式图(Carless 2015: 965)

这个模式图中向下的箭头表明学习导向型评价任务的特性会影响学生评价专项知识的发展和学生对反馈的反应。例如公开展示型任务,口头报告或者海报展示任务有利于锻炼提升学生的质量鉴别力及其相关的评价专项知识。再如相对于单一的期末任务,多阶段作业能够为学生提供更多的参与反馈机会。

Jones 和 Saville(2014)提出了一个更为具体的、落实到课堂实施层面的学习导向型评价模式图(如图 5.3)。这个模型中囊括了各种评价形式,包括运用于课堂的评价手段和大规模考试,旨在综合各种评价手段,取长补短,从而发挥评价促进学习的作用。我们可以看到,这个模型包括两个层次的活动,从宏观层次看,在课程开始之初需要设定高层次的

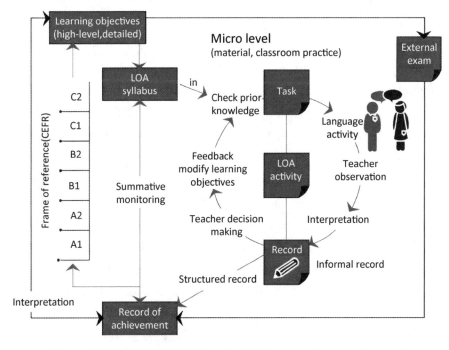

图 5.3 学习导向型评估的课堂实施示意图(Jones & Saville 2014: 4)

关键学习目标,这些目标需要对接宏观的教育标准,例如这个示意图中采用的是欧洲共同语言参考标准(CEFR)。根据这个标准设计课程大纲和课程。随后进入微观层次,也就是在课堂层面实施课程开展教学活动。在每节课中教师设计能帮助学生达到学习目标的任务。例如,某节课的目标是学会运用一般过去时和现在完成时,教师就需要设计一个指向这个目标达成的评价任务,学生需要通过以独立、结对子或者分组等形式的语言学习活动来完成任务,教师观察和监控活动的开展情况,解读学生的表现,并简要记录学生的任务表现和学习成就。

接下来,教师根据自己的观察和记录决定下一步的教学方案,教师可以针对学生的表现和进步给予反馈,也可以改变或调整这节课的学习目标。教师也可以在课后采用更结构化的记录,记下关于学习目标、课堂语言及活动、学生的进步或遇到的问题等表现。

在课程结束的时候教师可以采用正式的或外部的考试,考试的结果可以被记录到学生的结构化记录中,与之前的日常记录一起成为一个完整的学生画像。通过这样的形式,侧重量化测量的外部水平测试与侧重对课堂学习进行质化检测和跟踪的课堂评价两相结合,共同作为学习和促进学习的证据记录学生的成长轨迹。当然,外部测试与课堂评价和谐互补的一个重要前提是两者都能与课程目标保持一致。

不难看出,实施学习导向型评价对于教师的教学能力提出了很高的要求。Salamoura 和 Unsworth(2015)提出践行学习导向型评价的教师应当具备如下素养:(1)能够把课程的教学目标和学生的学习成果目标结合起来;(2)能够把握不同种类的评价手段及其目的;(3)能够采用不同的评价手段获取关于学习和促进学习的互补证据;(4)能够系统化地收集证据并对其做出合理的解读;(5)能够依据证据设计个性化学习方案,通过反馈和必要的支撑帮助学生在最近发展区提升;(6)能够最终帮助学生建立起学习能力,产生更优的学习成果。这些问题都值得教师教育者引起重视。

同时,实施学习导向型评价也会面临多方面的挑战,需要考虑方方面面的因素,包括:政策制定者的支持,政策的稳定性和持续性,对学习目标的正确认识,终结性评价的主导地位,教师对形成性评价和终结性评价的正确认识,把形成性评价视作收集信息而忽略了对学生的反馈指导,教师开展形成性评价的能力,教师在各类评价中起到主导作用,忽视学生在评价中的重要作用,公众对实施学习导向型评价的消极态度(Saville & Jones 2019)。

5.1.3　任务型语言评价

任务型语言评价(task-based language assessment,TBLA)与任务型教学(TBLT)的基本原则一致,并将任务型教学的原则运用到评价领域,采用任务作为评价和考试的基础单位(Shehadeh 2012)。Norris 认为任务型语言评价是"在明确的交际语境下,(通过各种模态)引出语言使用并对其进行评判,这种语言使用以表达和解读意义为目的,用意清晰,并指向某个重要的目的或结果"(Norris 2016: 232)。正如 Salamoura 和 Unsworth(2015: 3)所述,"所有设计合理且有效的评价任务都能作为学习任务,学习任务也能被用来评估学生的学习进展,决定其努力的方向"。

任务型语言评价具有四个主要特征：第一，任务型语言评价是形成性评价，是语言课程的一部分，其目的是改进教学；第二，任务型语言评价是表现参考型评价，考查学习者在特定情境下用外语完成真实目标任务的能力；第三，任务型语言评价是直接评价，对受试者能力的考查被融入在任务表现中；第四，任务型语言评价是真实评价，涉及到真实生活的语言使用或在真实生活中会用到的语言处理(Ellis 2003)。"如果能把任务和构念结合起来，并在此基础上设计、开发和使用相应的评价，那么这样的评价就是在所有情况下最有用的"(Bachman 2002：471)。

Norris(2016)指出任务在评价中能发挥四种作用：作为能力标准的任务；在语言水平测试中的任务；职业认证的任务；语言教育评价的任务。他认为任务型评价有两个目标：一是让"教"与"评价或反馈"之间更加无缝衔接，二是能够提供有意义的、丰富的、关于语言交际功能性使用的反馈信息，让评价更好地发挥对教和学的反馈作用。Norris 认为虚拟现实、虚拟人等技术的发展，辅之以自动评分、自动反馈等技术，为任务型语言评价提供了更为"真实"的语言运用环节，"让学生能够沉浸在目的明确的、交际性的、个性化的交际场景中，而这些在传统课堂中很难实现"(Norris 2016：239)。

总体而言，基于任务的评价有可能为教师提供有关学生完成目标任务进展情况的丰富而有用的信息，并帮助他们提供高质量的反馈，以帮助和促进学生的学习(Van Gorp 2021)。然而，实施任务型评价也面临诸多挑战，包括：在考试中如何充分模拟任务及其相关的语境，评价任务表现标准的真实性，评分员在判断任务表现时的可靠性，任务在构念表现(construct representation)以及难度方面的可比性，任务作为评价设计的基础在普遍化和推广性上的局限，开发和使用任务型测试的可行性及其费用(Norris 2016)。

5.2　任务型评价的实现形式

对于儿童外语学习者来说，评价是他们外语学习中的重要经历之一。评价具有双刃剑的作用：从积极方面来说，评价有助于帮助学习者建立持续进步感，从而帮助激发和维持学习动机(Graham et al. 2016)；然而，如果教学被评价所绑架，尤其当过度强调基于标准的评价时，评价的负面作用就会显现，会让学习者感到学语言难且无趣，进而丧失学习兴趣。因此，对政策制定者和教师来说，一个重要的目标是寻找和开发既能保护学习动机，又能对学习者的成绩进行有效和可靠测量的评估方法(Courtney & Graham 2019)。

儿童语言学习者通常注意力集中的时间较短，而且自尊心较强，容易产生挫败感。这些因素都是开发和实施儿童语言学习评价工具，并确保其可靠性的重要考虑。儿童的认知和心理特征决定了为他们设计的评价方式应该是具体而非抽象的，应该接近其日常教学的方式，应当采用学生熟悉的体裁(Courtney & Graham 2019；Mckay 2006)。

Van Gorp(2021)介绍了比利时 TotemTaal 教改项目中设计和实施的多维度任务型评价框架，其中包括四个组成部分：第一，观察学生完成任务的情况，以便教师在必要时为学生提供帮助,并了解学生在语言方面能做什么和不能做什么;第二,观察和分析个别学生的任务表现和任务结果,以便系统、详细地收集学生能用语言做什么和不能做什么的信息;第三,学习者对任务表现和语言能力水平进行自我评估的反思并建立档案,在前一部分的基础上增加一个不同的视角和额外的有计划的形成性信息;第四,终结性任务测试。虽然不是用于英语教学,但是这一任务型评价框架是国际上应用规模较大、时间较长的模式。

此外,在青少年外语教育领域有不少基于游戏的评价创新探索,游戏本身符合任务的四个基本特征,因此基于游戏的评价本质上也属于任务型评价。接下来介绍两个比较成熟的案例:"语言魔法师"和"小狗武舍尔"。

5.2.1　"语言魔法师"

"语言魔法师(*The language magician*)"游戏通过引人入胜的图形、人物和故事情节来吸引学生,创造类似游戏的体验,设置需要使用外语的挑战,从而帮助教师了解学生在外语阅读、听力和写作方面的个人成绩和进展情况。该游戏提供词汇、听力、阅读和写作能力的诊断信息,测试分为两个级别,第一级是针对积累了 50—70 学时的学生,第二级是针对有 70—100 学时的学生。该游戏有英语、德语、意大利语、西班牙语和法语五个语言的版本,其中的任务能够评估学生在每个级别上所期望的知识和技能,评价任务设计遵循从较简单的语言能力(如音素、单词级别的识别)到复杂语言能力(如句子和文本级别的理解和产出)的递进模式。游戏的每个级别共有 90 个任务,分为五层楼,对应游戏中魔法塔内的不同层面。

"语言魔法师"游戏所涉及的语言技能包括:

- 听力:第一级的重点是实际交流,需要学生理解相关话题的口头信息和课堂指示,识别熟悉的词汇,以及辨别语音和语调。第二级词汇库有所扩展,并包含更多涉及句子的任务。孩子们需要在玩游戏的过程中展示出他们掌握了该语言的基本语法特征。此外,这一级也设置了练习思维能力的任务,有助于增加测试的趣味性和使用语言的机会。
- 阅读:学生能够(在单词、短语和句子层面)理解关于熟悉的主题的简短书面信息,以及书面文本和常用词汇的基本含义。
- 写作:就熟悉的物品和活动完成写作任务,从单词或短语开始写,进而写出简单的句子。由于并不是每个国家的小学阶段都对写作能力有要求,因此 90 个任务中只有 15 个任务专门考查这一技能。

为了考查学生的思维能力,"语言魔法师"游戏中也有一个部分的任务是整合两种技能的,例如同步考查发音与拼写能力的任务。

该游戏的故事情节是:班上的学生以个人身份登录游戏,每个学生扮演一个年轻的魔法师。游戏画面中的主要故事是用学生进入系统时选择的学校语言或母语(英语、德语、意大利语或西班牙语)讲述,只有涉及语言挑战的部分是以外语呈现的。在游戏场景中,魔法师们和动物朋友们生活在一个农场里,十分惬意。有一天,住在附近黑塔里的邪恶魔法师绑架了这些动物朋友,学生扮演的魔法师必须努力克服黑塔的重重挑战,把他们的朋友救回来。

任务案例一

学生看到一幅图片(如图5.4),选择与之对应的录音。这项任务评价学生是否能够区分发音相似的单词。随着句子的难度提升,任务的挑战逐渐增大。这一任务涉及常见的主题词汇包括家庭、季节、交通工具、动物、喜欢或不喜欢、感受或爱好等。

图 5.4　看图选择正确的发音

任务案例二

学生看到一幅图片(如图5.5),听到一个句子,判断该句子是否代表图片所显示的内容,点击"Yes"或者"No"。这个任务评价学生是否能听懂简单的语句,涉及的主题词汇包括爱好、家庭等。

图 5.5　听句子判断句子的正误

任务案例三

学生看到一幅图片(如图5.6),写出其代表的单词。这个任务测试学生是否掌握基本词汇的拼写。该任务涉及的主题词汇包括颜色、数字、食物、动物、打招呼的用语等。

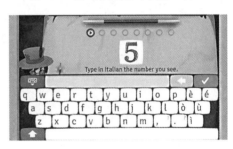

图 5.6　看图片写单词

成绩报告:

(1)教师界面的报告

教师界面可以显示学生在游戏中不同领域的表现(如图5.7),其中第一次尝试时正确完成的任务、在第二次尝试时完成的任务、未完成或未尝试的任务用不同颜色表示。教师能在后台下载全班学生的测试数据。除了个体学生的分数外,教师还能看到班上所有学生、其所在国家的学生,以及全部国家所有学生的平均分,发现大多数学生表现得好的任务,以及学生可能需要支持的任务。之后,教师可以利用平台中"课堂资源"栏目的练习活动对学生进行有针对性的帮助。

Student: 1 Finished: 1					● correct 1st try ● correct 2nd try ●incorrect average country 96% average class 96%
	Reading & Listening	Listening	Reading	Integrated Skills Writing	
✓ Pat					●86 2 ●3 96%

图 5.7　"语言魔法师"游戏中的教师界面报告

教师的使用界面也提供了每个学生下载和打印证书的功能。如图5.8所示,证书上只显示学生的游戏昵称,教师也可以填写学生的真实姓名。学生证书的设计风格与游戏环境完全一致,上面显示学生参加游戏的时间、每个环节的表现以及达到的外语等级。

图 5.8 "语言魔法师"游戏中教师界面生成的学生任务测评证书

(2)学生界面的报告

学生完成游戏后能够看到自己在游戏的每个环节的完成情况。

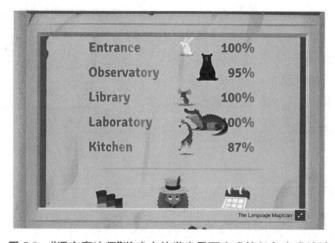

图 5.9 "语言魔法师"游戏中的学生界面生成的任务完成统计

"语言魔法师"项目的研究人员发现,学生们很乐意反复地玩这个游戏。这样一来,有差距的学生可以通过重复或多次玩游戏取得进步。同时,由于完成游戏任务的学生均会获得证书,他们不会因为拿到不高的分数或等第不佳而产生挫败感。此外,对游戏任务评价结果的分析也显示它具有较强的区分度,难度适当(McCowan & McCowan 1999),并且与其他语言能力测量工具的测量结果相关度高。这些研究表明游戏化的评价任务既能有效地测量学生的语言能力,又能保护学生的学习积极性,同时测试任务本身也能为学生提供语言学习的机会。

5.2.2 "小狗武舍尔"

Delcker 和 Ifenthaler(2020)介绍了一种可以在平板电脑上操作的,基于游戏的语言评估工具。该研究项目的主要目标之一是为 3 至 5 岁的学龄前儿童开发一个口语水平评估工具。该工具能用于从目标群体中收集可靠的语言数据,让研究人员能够根据足够的证据和理论支持来解释数据,从而产生一致的、无偏见的结论。该项目的第二个目标是根据评估结果向教师和家长提供相应的支持,以进一步促进儿童的语言发展。此外,该工具可用于掌握不同移民背景、性别或年龄组学生的具体差异,这样相关人员能够制定系统的方法来支持有共同发展需求的儿童群体。

为了实现以上三个目标,该项目特别注重在数据质量、使用的便捷性和趣味性上下功夫。该评价工具由两个应用程序组成:第一个应用程序名为"小狗武舍尔(Wuschel App)",支持 iOS 运行,它的主要功能是收集玩游戏的儿童的语音数据;第二个应用程序也支持 iOS 运行,能适应便携式移动终端,该应用程序方便教师浏览游戏,称之为 Practitioner's App。虽然该工具是以游戏的形式呈现,但是其主要目的是评价儿童的语言能力,而不是娱乐。

"小狗武舍尔"的游戏场景是一片神奇的森林中。主要人物包括女巫丽塔、小狗武舍尔(Wuschel)、小矮人威利和丽塔的死敌恶龙。在整个游戏中,孩子的任务是保护丽塔不被恶龙伤害,并帮助她拿到特定的物品。笨手笨脚的丽塔总会丢失重要的巫师用具,例如她的魔杖或扫帚。在孩子的帮助下,丽塔最亲密的朋友小狗武舍尔能够为她找到丢失的物品。小矮人威利爱搞恶作剧,会把丽塔的东西藏起来。

图 5.10　"小狗武舍尔"游戏画面

游戏采用漫画式的界面风格(如图 5.10),使用明亮和多彩图案营造出欢快的氛围,人物和环境的绘画风格非常适合儿童。该游戏由一系列场景构成,内容与儿童读物的页面相当。在每个场景中,孩子都有一个特定的任务。在完成了一集的任务后,可以进入到下一集。

通常情况下,一个特定场景的目标是在屏幕上找到一个物体,例如女巫的魔杖。这些任务是由武舍尔通过提问引出的,例如:"看起来丽塔丢了她的魔杖。你能告诉我魔杖在哪里吗?"。当玩家给出正确的答案时,任务就完成了。例如:"魔杖在厨房的桌子上。"。如果给出的答案正确,武舍尔会回答道:"哦,我看到了,它在那里!",它会走到目标处取走那件物品。如果玩家的答案不正确或不清楚,武舍尔就会重述最初的问题,例如:"我不太明白你的意思,请你重复一遍好吗?我在哪里可以找到魔杖?"。该游戏的一个关键方面是,它实际上不是由语音控制的。场景是预先设定好的,武舍尔总是会在场景结束时找到那件物品。

图 5.11　教师用 Practitioner's App 监管学生玩游戏

因此,孩子们不是在独自玩游戏,后台的教师会通过操作 Practitioner's App 控制游戏的进程,监管孩子们玩游戏的过程(如图 5.11)。教师能够通过这个应用程序开始某个场景,初始化武舍尔的问题,或者结束一个场景。通过这种方式,成人可以完全控制游戏,使游戏的速度适应玩游戏的孩子的水平。

因为所有的场景都是预先写好的,而且武舍尔总是能找到目标或解决方案,所以故事的流程不会被打乱,这就避免了玩家产生挫败感或者降低积极性。

当前该游戏实现了两种类型的任务:一类是物体的定位,例如前文所述的找到女巫的魔杖;第二种类型是对运动的形式和方向进行定性。对于第二种类型的任务,玩家必须描述屏幕上呈现的运动(例如:"威利从树上掉下来了!"),或者为丽塔制定一个运动的命令(例如:"你得从这块石头跳到那块石头上!")。选择这两类任务是因为它们创造了包含介词的语言数据。对于语言学家来说,这些介词是非常重要的,尤其是对于双语儿童而言,因为他们容易误用不同语言中的介词。

5.2.3　小结

以上两个以游戏形式呈现的语言评价工具都是面向低龄段的学习者开发的。游戏场景的设置契合这个年龄段学生的喜好,从而保证在获取学习信息的同时保持学习者的投入度。但从两个项目的情况来看,开发面向大规模使用者的游戏化语言评价工具是个复杂的系统工程,需要考虑语言项目设置、游戏情节编创、人物形象设计、数据处理和保护等方方面面的问题,既要保证评价的科学有效,又要保护学习者的学习兴趣。

5.3　基于任务的语言测试案例[1]

从广义上讲,"评价"一词几乎可以指为评估学习者的进步及其当前的技能、知识和态度所做的任何工作(Colpin & Gysen 2006)。除了上一节介绍的游戏等评价形式,任务型评价也可以运用在正式测试中。本节具体介绍如何在正式的纸笔测试中融入任务型评价,以提升测试的真实性和有效性。

5.3.1　任务在听力测试中的应用

◆ **测试案例: Cambridge Young Learners English**

图 5.12　**Cambridge Young Learners English** 的听力测试任务

Listen and draw lines. There is one example.

• Transcript:

［Example］

Narrator: Look at the picture. Listen and look. There is one example.

Man: Excuse me. What were you doing?

Girl: We were drawing and painting on this wall.

Man: Oh. A wall picture! Are these all your friends?

Girl: Yes, but one is my brother, John.

1　本节中的任务案例均选自各大语言测试官网的样题。

Man: Is he the boy who is painting a rainbow?

Girl: Yes! You're clever. How did you know?

Man: His hair is blonde like yours.

Narrator: Can you see the line? This is an example. Now you listen and draw lines.

[1]

Man: That's a beautiful rainbow.

Girl: Yes, it is. John is very good at painting.

Man: Who's the girl that helped him paint it?

Girl: The one who is standing on the box?

Man: Yes.

Girl: That's Sally.

[2]

Man: Who's the boy that's painting the leaves?

Girl: Which one?

Man: The one with jeans and blue T-shirt.

Girl: Oh. He's called Peter.

Man: I love those leaves.

[3]

Girl: Look at Daisy.

Man: What's she doing?

Girl: She is bringing a box of drinks to the children.

Man: Ah, yes. I'm thirsty. Can I have a drink, please?

[4]

Man: One boy isn't painting. He's taking photos of the children.

Girl: The one with the purple T-shirt?

Man: Yes.

Girl: That's Jim. He likes taking photos more than painting.

[5]

Man: Who's the girl who's having a drink?

Girl: The one with the curly hair?

Man: Yes.

Girl: That's my best friend, Jane.

Man: Why isn't she painting?

Girl: Well, she is hot and tired. I think.

- **Marking key:**

Lines should be drawn between:

[1] *Sally and the girl painting the rainbow*

[2] *Peter and the boy in a blue T-shirt and jeans，painting leaves*

[3] *Daisy and the girl carrying a box of drinks*

[4] *Jim and the boy taking photos*

[5] *Jane and the girl sitting down and drinking*

● 案例评析：

这个案例是典型的基于输入的任务，其创设的交际情境非常贴近考生的真实生活，图片美观，对话生动，代入感强。考生需要整合图片中的视觉信息和对话中的听觉信息来判断图片中人物的姓名，需要综合运用语言技能和细节推断等策略，从而完成连线的任务。值得一提的是，听力对话的设计非常自然，配音中的成人角色富有亲和力，儿童角色活泼灵动，能够有效降低考试的应试焦虑。

5.3.2　任务在口语测试中的应用

◆ **测试案例：TOEFL Junior Speaking**

Picture Narration

In this task，you will see six pictures. You will tell the story that the pictures show. First，you will look at the pictures and prepare your story. Then，you will record your story. A beep will tell you when to prepare and when to begin speaking.

Do your best to：

● speak clearly.

● tell an interesting and complete story.

● use connecting words and phrases to link the events you see in the pictures.

The six pictures below show a story about something that happened at a movie theater.

图 5.13　TOEFL Junior 口语测试任务

First, look at the pictures and prepare the story. Then, you will be told when to record the story. You will have one minute to prepare. Then you will have one minute to tell the story that the pictures show.

● 案例评析：

这是一个看图讲故事的任务，非常接近中小学生日常听故事或者讲故事的体验，具有鲜明的真实性。因为是评价任务，其指令中从表达的清晰度、故事的趣味性和完整性，以及语言使用三方面给学生十分清晰的说明，有助于学生准确把握评分要求。任务中的故事情节是学生比较熟悉的生活场景，让学生有话可说、充分表达；任务中的配图风格美观、直观、趣味性强，有助于激发学生学习的积极性。

5.3.3　任务在阅读测试中的应用

◆◆ **测试案例：Cambridge English Qualifications**

For each question, choose the correct answer.

The young people below all want to do a cycling course during their school holidays. And there are descriptions of eight cycling courses. Decide which course would be the most suitable for the people below.

Nancy is fourteen and cycles quite well. She needs to learn how to cycle safely from her home to school on busy city roads. She's only free at the weekends.

Markus is an excellent cyclist and he wants the excitement of riding on countryside and woodland tracks. He'd also like to learn more about looking after his bike. He can't attend a morning course.

Ellie is nine and knows how to ride her bike，but isn't confident about starting and stopping. She'd love to meet other cyclists with a similar ability and have fun with them.

Leo can't cycle yet，and wants to learn with the teacher. He'd prefer a course with sessions twice a week. He'd also like some practical information about cycling clothes and equipment.

Josh is eleven and a skilled cyclist. He's keen to learn to do 10 exciting cycling tricks in a safe environment. He'd like to be with people of a similar age.

Cycling courses

A　**Two wheels good!**

Mountains! Rivers! Forests!

Our "off-road" course offers you the

chance to get out of the city. You'll need

B　**On your bike!**

Can't ride a bike yet，but really want to?

Don't worry. Our beginners — only group

（4－10 pupils per group）is just what

very good cycling skills and confidence. You will be with others of the same ability. Expert advice on keeping your bike in good condition also included.

Mondays 2.00 pm – 6.00 pm or

Fridays 3.00 pm – 7.00 pm.

you're looking for. Excellent teaching in safe surroundings makes learning to cycle fun，exciting and easy.

Mondays 9.00 am – 11.00 am and

Thursdays 2.00 pm – 4.00 pm.

C Fun and games

Do you want some adventure? Find out how to do "wheelies"（riding on one wheel），"rampers"（cycling off low walls），"spins" and much more … We offer a secure practice ground，excellent trainers and loads of fun equipment. Wear suitable clothes. Only for advanced cyclists.（Age 11 – 12）

Saturdays 1.00 pm – 4.00 pm.

D Pedal power

A course for able cyclists. We specialise in teaching riders of all ages how to manage difficult situations in heavy traffic in towns and cities. We guarantee that by the end of the course，no roundabout or crossroads will worry you!

Saturdays 2.00 pm – 4.00 pm.

E Cycling 4 U

Not a beginner，but need plenty of practice? This course offers practical help with the basics of balancing and using your brakes safely. You'll be in a group of pupils of the same level. Improve your cycling skills and enjoy yourself at the same time! Open to all children up to the age of ten.

Sundays 10.00 am – 12.00 pm.

F Bike doctors

Have you been doing too many tricks on your bike? Taken it up mountains and through rivers? Then it probably needs some tender loving care. Bike Doctors teach you to maintain and repair your bike.（Some basic equipment required.）Ages 11 – 19

Tuesdays 9.00 am – 12.00 pm or

Wednesdays 3.00 pm – 6.00 pm.

G Safety first

We teach cycling safety for the city centre and country lane bikers. We'll teach you the skills you need to deal with all the vehicles using our busy roads. All ages welcome from 10+ .

Thursdays 9.00 am – 11.00 am.

H Setting out

A course for absolute beginners needing one-to-one instruction to get off to a perfect start. We also give advice on helmets，lights，what to wear and much more. A fantastic introduction to cycling!

Mondays and Tuesdays 9.00 am – 11.00 am.

● 案例评析：

这是一道典型的符合青少年学习特征的任务型阅读测试题。首先从活动目标来看，帮助同学选择合适的运动课程是青少年考生在生活中经常遇到的情境，这一设计非常真实。其次，孩子的需求信息和自行车课程信息之间构成天然的信息差，能够有效激发考生的探究兴趣，阅读的目的不是做题，而是帮助小伙伴，给他们提建议。最后，从测试的实施和评价来说，这个任务便于学生答题和评分员给分，标准化程度高，可操作性强。

5.3.4 任务在写作测试中的应用

◆ **测试案例：TOEFL Junior Writing**

E-Mail Task

> In this task，you will read an e-mail and write a reply. You will have 7 minutes to read the e-mail and write your reply.

Now you will read an e-mail. Then you will write a reply to the e-mail. Your reply should answer all of the questions in the e-mail you read. You will have 7 minutes to read the e-mail and write your reply. Write in complete sentences. When you are finished，check your writing for grammar，spelling，and punctuation.

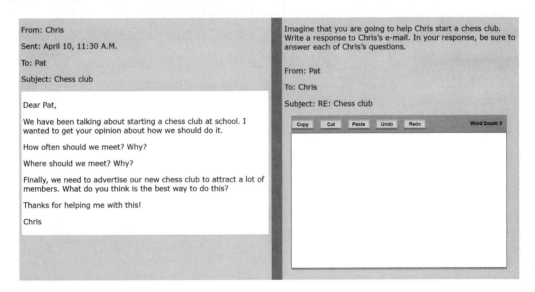

图 5.14 TOEFL Junior 写作测试任务

● 案例评析：

这个写作测试任务要求学生回复同学的邮件。这一任务设置的交际语境是组织校园活动，非常契合孩子们的真实生活场景，能有效激活学生的背景知识和表达愿望，熟悉的话题有利于丰富学生的表达内容，充分展示其写作水平。同学发来的这封邮件中有明确的三个问题，有助于引导学生产出规定内容的语言表达，便于评分。同时，写邮件中涉及运用语用知识,学生需要在回复邮件时使用礼貌、合作、得体的表达和语用策略。此外,学生也需要掌握邮件的文本特征并在回复中准确地加以运用。综合这些因素来看,这个写作测试任务设计得十分科学周密。

5.3.5　小结

本小节介绍了四个将任务运用于标准化语言测试的案例。我们不难发现,用于测试的任务不仅要具备任务的四个定义要素,还要满足测试场景下的特殊要求,如明确评分规则、确保任务的信度和效度等。因此,从某种角度来说,设计测试任务比教学任务更具挑战性,它不仅考验教师的任务设计能力,也考验教师的测评素养。

5.4　结语

本章从教学评价的定义与内涵出发,介绍了评价中的几个关键概念,包括形成性评价与总结性评价、学习导向型评价和任务型评价。然后结合具体案例介绍了任务型评价的实现形式,包括两个以游戏形式呈现的任务型评价项目——"语言魔法师"和"小狗武舍尔",以及应用于标准化测试的听力、口语、阅读和写作测试任务。通过概念的梳理和案例的展示与评析,能够比较直观清晰地呈现任务型评价的设计基础和实施原则。

教学评一体化是新课标的要求,评价对于教学起到巨大的反拨作用,课堂教学任务的真正实施落地需要有与之配套的评价方案,也需要教师和命题人员加强学习,提升评价素养,从而成长为合格的任务型测试的开发者。

第六章　技术赋能的任务

随着科技的快速发展,外语教师和教材编写者可以使用信息技术来设计和实施交际型任务,从而提高课堂教学的有效性。Blake(2016)指出,计算机辅助语言学习(computer-assisted language learning,CALL),特别是将计算机辅助语言学习置于任务型语言教学框架中,可以促进第二语言的发展。技术辅助任务(technology-mediated tasks)具有五个特征:第一,活动的重心是意义交流;第二,使用语言以达到某个交际目的,而不是为了使用而使用;第三,以学习者为中心,需要学习者用到他们的语言资源和数字技术等非语言资源;第四,具有真实性,反映真实世界中的语言使用;第五,提供反思学习的机会(González-Lloret & Ortega 2014)。

在外语教学领域常用到的技术包括四类:基于学校或教室的技术,个人学习工具,基于网络的社交技术,以及移动和便携设备。如表6.1所示。

表 6.1　外语学习中的技术(改编自 Golonka et al. 2014)

基于学校或教室的技术	个人学习工具	基于网络的社交技术	移动和便携设备
课程管理系统(CMS) 交互式白板 电子书包	语料库 电子词典 电子词汇或注释 智能辅导系统 语法检查程序 自动语音识别(ASR) 　和发音程序	虚拟世界或严肃游戏 聊天 社交网络 博客 互联网论坛或留言板 网络百科全书	平板电脑或掌上电脑 手机或智能手机

研究表明,线上线下相结合的混合学习(blended learning)和技术赋能的教学(technology-enhanced teaching)能够提供更好的学习体验和课堂互动(Kayalis & Natsina 2010;Laurillard et al. 2009)。以下从听、说、读、写四个方面分别介绍如何借助信息技术设计并实施课堂教学任务[1]。

---

1 彭博为本章收集资料并参与部分初稿写作。

6.1　技术赋能的听力任务

许多学者认为使用视频能够帮助二语学习者更好地理解听力内容,促进听力水平的提升。例如 Kellerman(1992)指出视频中说话者的身体动作与其所说话语的重读音节通常是联系在一起的,这种视觉重音可以帮助听者更好地分割和处理口语输入;Burgoon(1994)发现二语学习者可以利用视频中说话者的肢体行为所传递的信息,如手势、肢体动作和面部表情来辅助听力理解;同样,Wagner(2006)指出视频能够让听者看到说话者,从而对说话者的角色和语气做出更准确的假设。

在当下的数字时代,教师能够利用各种多媒体音视频资源设计听力任务。教师可以从网络社区平台获取大量的音视频资源。教师可以下载视频,利用视频剪辑软件对下载的视频进行编辑加工;教师也可以直接用手机拍摄短视频并进行编辑加工,做出匹配教学目标设计的音视频材料。例如,教师可以编辑一段反映某个小朋友日常生活的视频,让学生从视频中找出哪些行为比较环保,哪些行为不够环保。再如,教师可以使用一段反映不同国家小学生午餐情况的视频,让学生比较自己的午餐和其他国家同龄人的午餐有什么不一样。此外,数字故事(digital stories)也有助于提升二语学习者的听力水平,因为数字故事具有较强的互动性,学习者必须先听懂故事的内容才能通过点击屏幕或图片来使故事继续。Ramirez-Verdugo 和 Belmonte(2007)通过实验证明了数字故事能够提高一组 6岁的西班牙语学习者的英语听力能力。

6.2　技术赋能的口语任务

口语技能是外语表达能力的重要组成部分。Chen(2021)提出技术与任务型教学的结合对学生练习口语的动机产生积极的影响,并给学生提供了更多练习口语的机会。技术辅助的口语任务设计与实施可以从以下三个方面展开。

第一,技术辅助的任务可以应用于语音教学。许多内嵌智能语音识别技术的软件,可以对学生的发音进行评分,根据诊断的情况给出学习反馈。教师也可以运用语音识别软件或程序来设计口语任务,如在口语展示活动中采用软件对学生的发言进行实时转写,当转录包含错误时,学生可以有意识地反思对应部分的发音是否有误(Blake 2016)。这样可以鼓励学生实时监控自己发音的准确性,发现问题及时纠正。

第二,技术辅助可以应用于独白类口语任务。教师可以让学生分小组开展活动,使用录音录像软件来自己制作一段英语音频或视频,如介绍中秋节、介绍自己的城市等,并将音频或视频文件上传至班级的线上学习平台,班级内的同学可以点击播放其他同学的音视频并给予评价,如评选"最具特色作品"。由于音频或视频的制作可以允许学生犯错并反复纠正,这样的任务能够帮助因为惧怕犯错而不敢上台展示的学生降低焦虑感;同时,技术的加持也可以大大节省课堂时间,有效衔接课内教学和课外学习。

第三,技术辅助可以应用于对话类口语任务,包括真人对话和人机对话。例如,教师可以组织班上的学生和国外的语伴开展线上互动任务,借助在线会议平台开展模拟联合国、辩论、角色配音等活动。教师也可以借助聊天机器人程序来设计人机互动的口语任务,如通过让聊天机器人参与小组互动或者人机互动,和学生共同完成某个任务。例如,学生可以在搭载智能语音系统的导航 App 上发送语音指令,找到最合适的路线。

6.3 技术赋能的阅读任务

在阅读教学方面,教师可以利用现代信息技术设计多种阅读训练任务。技术对阅读任务的支撑作用主要体现在以下三个方面:

第一,技术赋能阅读材料的开发及改编。Mayora(2006)提出教师可以从网络杂志、报纸中获取真实的阅读授课材料。除此之外,教师可从网站上选取合适的材料供学生阅读,如 Wonderopolis、Tween Tribune 等网站。Wonderopolis 网站由美国国家家庭学习中心(National Center for Families Learning)创建,每天都推出关于科学、社会研究、数学和其他学科领域的有趣现象的文章,包括诸如"为什么火烈鸟是粉红色的?""汇率是如何决定的?"等话题文章,内容生动有趣。Tween Tribune 网站由史密森尼博物馆(the Smithsonian)主办,面向 8—15 岁的孩子,每天更新四个不同阅读水平的新闻文章,教师们可以充分挖掘网站中的资源作为阅读材料。有时候网站材料需要进一步加工,例如材料的语言难度不适用于学生的语言水平,教师需要对文本进行简化;再如教师需要对某段材料进行加工,将其改编成歌谣或者诗歌。教师可以使用人工智能工具,对找到的语言材料进行简化处理。

例如教师在 Wonderopolis 上选取了一段文字:

> If you do plan to travel to another country, one thing you'll probably need to do is to exchange some of your money for whatever currency is used in the country you plan to visit. For example, Americans travelling abroad might have to exchange U.S. dollars for euros, yen, or pesos.
>
> It would be convenient if one U.S. dollar was equivalent to one euro, one yen, and one peso, but that's not the case. Each country has its own currency, and each country's currency is valued differently.
>
> When you exchange your money for another type of currency, you're basically buying another country's money. How much of that country's money you're able to buy with one U.S. dollar depends upon the exchange rate. (121 words)

经过人工智能的简化处理后,这段文字变为:

> If you go to another country, you might need to change your money to the currency they use. For example, if you're from America and you go to Europe, you might need to change your dollars to euros. Unfortunately, one dollar doesn't always equal one euro, yen,

or peso. Each country has its own money, and they're all worth different amounts. When you exchange your money, you're buying the other country's money. The amount of money you can buy with one U.S. dollar depends on the exchange rate. (88 words)

经过人工智能的处理,这段文字也可以改成一首小诗:

Travelling to foreign lands,
New sights and sounds at our command.
But before we go, we must prepare,
And exchange our money with care.

For each country has its own currency,
Valued differently, it's plain to see.
One dollar won't buy one euro,
Or one yen, or peso, don't you know.

So we must exchange our cash,
For the currency of our chosen path.
Buying another country's money,
And hoping for a rate that's sunny.

Travelling is an adventure, it's true,
But exchanging money is important too.
So before we go, let's do our part,
And exchange our money with a smart heart.

可见,信息技术尤其是强大的人工智能技术能够极大地赋能外语教师创建文本。尤其是对于母语非英语的教师而言,他们能够借助技术有效避免教学文本和教学话语中出现的错误。

第二,技术赋能阅读任务活动设计。例如教师们可以利用数字小说(digital fiction)和线上交互式小说(interactive fiction)来训练学生的阅读能力。数字小说不同于一般的电子书,数字小说通常包含声音、图像和文本,可以增加阅读的趣味性。交互式小说类似于文本冒险游戏,以第二人称来叙事,在每一部分的结尾,读者都有两个或两个以上的选择,读者的选择决定了故事的流程和结局。在阅读交互式小说时,学生必须非常仔细地阅读屏幕上的文字,然后决定输入什么文字来开启故事的下一阶段。这种互动能够提升学生的文字处理能力,因为学生需要阅读和理解场景的所有细节,才能一步步地做出判断,并输入文字内容或选择合适的选项来帮助决定故事的结局。这种形式的交互式小说中比较有影响力的例子是"选择你自己的冒险(*Choose Your Own Adventure*)"系列书籍,读者在文本的不同节点上有选择,根据他们的选择开启另一篇章。因为书中包含了几十种不同的故事结局,所以这类交互式小说可以反复阅读,以获得不同的体验。

此外,思维导图(mind map)也是一种用来辅助学生进行阅读理解的重要方法。教师可以利用网上的思维导图模板在课堂上给学生演示如何根据阅读内容来设计思维导图,然后给学生布置阅读作业并让学生自行完成思维导图的设计。随着现代信息技术的发展,学生可以从网上找到各种不同样式的思维导图。目前市场上也有多类思维导图软件,可以根据需要选择不同的思维导图布局(时间线、鱼骨图、气泡图等)。在完成思维导图的过程中,学生就需要仔细阅读材料并挖取关键信息来制作思维导图,从而有效提升他们的阅读能力。

第三,技术赋能阅读活动课程管理。学校可以利用技术为每个班级创建线上的学习平台,然后教师在学习平台上组建线上阅读社群(reading community),布置阅读任务(短故事或者节选片段),并提供一些与主题相关的附加阅读材料。学生可以根据自己的兴趣和实际需要有选择地阅读,阅读完毕后,学生在线上发布自己所写的书评,同学们之间可以相互阅读彼此所写的书评并就一些问题展开讨论。此外,教师可以利用基于云端的电子书制作网站建立班级群(组),根据在现实生活中的教学方式将学生分组,使用课程邀请代码或通过电子邮件邀请学生。教师在网站上建立个人图书馆,在个人图书馆里添加各类文档并使用工具栏对其进行注释和标记,然后将有标记和注释的文档发送给学生阅读。网站还支持多人实时协作注释,教师和学生可以通过在文档中进行注释进行实时交流。这样,通过创建和管理线上阅读社群,可以营造良好的阅读氛围,形成有效的社群内支撑协作机制。

6.4　技术赋能的写作任务

Hyland(2015)提出三种写作教学方法:成品写作法(product approach)、过程写作法(process approach)和社会实践写作法(social practice approach)。成品写作法是一种传统的写作方法,该方法要求学生分析范例文本(model text),学习不同体裁文本的语言和组织架构并进行模仿(Gabrielatos 2002)。过程写作法是包括想法产生、计划、起草、撰写、编辑和修改等一系列循环过程的写作方法(White & Arndt 1991)。社会实践写作法强调写作发生的社会和文化背景,这意味着写作不是一套孤立的技能,而是由社会和文化因素塑造的一套复杂的实践(Lillis 2001;Street 1993),因此需要开展合作写作活动,让学生在真实而有意义的情境中练习写作(Lea & Street 1998)。以下分别介绍在三种写作教学方法中如何运用技术设计和实施交际型任务。

如果教师采用成品写作法教学,可以参考在线写作实验室(Online Writing Labs,OWLs)提供的海量资源。国际写作中心协会(International Writing Centers Association,IWCA)的网站上提供了 100 多个 OWLs 的链接。其中,1995 年 Muriel Harris 博士创建的普渡大学的 OWL 是最早建立的在线写作实验室,也是最全面的在线写作实验室之一。普渡大学的 OWL 在网页的 Site map 板块提供了大量的写作范例文本供学生学习和模仿,包括一般写作、学术写作、特定主题写作和创意写作等类型的学习材料和范例。

如果教师采用过程写作法,在写作的各个阶段中都可以利用现代信息技术来赋能写作教学。例如,在想法产生阶段,教师可以引导学生利用思维导图软件来梳理自己的写作思路和语篇结构。在文章的编辑和修改阶段,教师可以利用具有实时协作编辑功能的共享文字处理器。例如,当学生写作时,教师可以使用应用程序中的聊天工具对作文提出修改意见。同时,应用程序也支持多个人同时访问文档并进行编辑,这样可以实现教师对学生习作的实时反馈。此外,学生也可以在电脑文档的编辑软件中安装插件辅助其修改语法错误。

如果教师采用社会实践写作法,也可以利用实时协作文档编辑工具来开展结对子或小组合作式写作任务,例如请学生合作写一则活动通知、一封邀请信、一张感谢卡等。教师也可以巧妙利用社交媒体激发学生通过写作参与真实交际的能动性,例如启发学生用英语发社交媒体、制作短视频等,并鼓励学生积极评价同学的社交媒体发言。此外,教师还可以让学生建立自己的博客(blog)。在学生建立博客之后,教师可以让学生根据自己的兴趣坚持每天写一篇新文章,文章内还可以插入图片。如果学生不知道写哪方面的内容,可以通过浏览不同主题的博客来获得灵感。博客圈里有各种主题博客,如职业生活、旅行故事、家庭生活等,学生可以进入由具有共同兴趣的作家组成的社区,阅读和评论他人所写的文章。这种方法可以激发学生阅读和写作的积极性。

6.5 技术赋能的综合技能任务

交际型任务的最根本设计要素是真实的语言使用,然而对于缺乏英语环境的学习者来说,无论在课本或者课堂中创设的交际情境多么接近真实,始终还是与身临其境的语言交际体验有差距,而"元宇宙"技术的发展为弥合这一差距带来了曙光。

元宇宙的概念最早出现在尼尔·史蒂芬森(Neal Stephenson)1992年的科幻小说《雪崩》(*Snow Crash*)中,小说中一个名为"元宇宙(Metaverse)"的虚拟现实空间被用作商业、娱乐和社交互动的平台。元宇宙通常被描述为虚拟现实、增强现实和互联网的结合体,指由许多用户共享的虚拟世界。在这个世界中,人们可以在三维空间中与彼此和数字对象进行交互。现实世界中的人可以在元宇宙中拥有自己的数字角色(avatar),该角色会在元宇宙中经历学校、社团、购物等各种与现实生活平行的数字体验。

一些专家预测,元宇宙可能成为计算和娱乐领域的下一个风口。元宇宙被视为一系列应用的潜在平台,包括游戏、社交网络、电子商务、教育等。近年来,互联网技术公司正投入巨资开发元宇宙技术。我国政府高度重视元宇宙技术的开发和应用。2023年6月,上海市科学技术委员会发布了关于印发《上海市"元宇宙"关键技术攻关行动方案(2023—2025年)》的通知,提出以沉浸式技术与Web 3.0技术为两大主攻方向,以自主创新和开放协同为推进路径,着力提升"元宇宙"领域科技自立自强能力。同年8月,工业和信息化部、教育部、文化和旅游部、国务院国资委、国家广播电视总局等五部门联合印发《元宇宙产业创新发展三年行动计划(2023—2025年)》,提出到2025年,元宇宙技术、产业、应用、治理等取得突破,成为数字经济重要增长极,产业规模壮大、布局合理、技术体系完善,产业技术基础支撑能力进一步夯实,综合实力达到世界先进水平。

通过提供身临其境、互动和协作式的学习体验,元宇宙有可能彻底改变语言教育的面貌。其可能的应用场景包括:第一,语言浸润。元宇宙可以提供一个虚拟环境,让语言学习者沉浸在目标语言中。这可以包括虚拟城市、市场和其他身临其境的环境，学习者可以在模拟真实的、引人入胜的环境中使用和习得语言。第二，文化浸润。元宇宙可以提供一个虚拟环境，让语言学习者沉浸在目标语言的文化氛围中，包括虚拟博物馆、艺术画廊等文化机构，为学习者提供真实的目标语言文化体验。第三，语言交流。在元宇宙中语言学习者可以与目标语言的母语使用者建立联系，通过互动促进语言交流，如进入虚拟语言咖啡馆、语言交流小组等，学习者可以在这些虚拟空间与他人一起练习语言技能。第四，游戏化设计。元宇宙可以使用游戏化技术，使语言学习更有吸引力和趣味性，例如使用虚拟语言游戏和任务激励学习者练习语言技能。第五，虚拟语言辅导。元宇宙可以提供虚拟辅导服务，学习者可以在这里接受一对一的辅导。第六，个性化学习。元宇宙可以根据每个学生的个人需求和偏好提供个性化的学习体验。这可以帮助学生按照自己的节奏和风格学习。

毫不夸张地说，元宇宙技术一旦成熟并应用于外语教学，我们现有的课程、教材和教法都将呈现焕然一新的面貌。例如，在4.2.3节中提到的排列（序）任务，在元宇宙技术的加持下，可以直接将学生代入如电影般的科幻场景中，推选地球人的代表与外星人对话，介绍代表人类文明的三件物品，这种沉浸式互动体验带来的真实性震撼显然是极具感染力的。

6.6　结语

本章从技术辅助任务的定义内涵出发，首先梳理了外语学习中常用的四大类技术，然后分别从听力、口语、阅读、写作和综合技能教学等五个方面介绍了信息技术和人工智能技术如何支撑任务设计，从学习内容、学习方式和评价方式等各方面赋能外语教学。值得一提的是，在技术发展日新月异的今天，我们应当始终对技术的应用保持冷静地思考。第一要考虑技术赋能的有效性，技术的加持一定是为了优化学习体验，带来事半功倍的学习效果，而不是为了某些其他方面的考虑而使用技术。第二要考虑技术赋能和教育公平的关系。我国的教育资源分配还很不平衡，我们在使用教育技术时应该更多地考虑如何通过技术的桥梁将优质的教育资源往最需要的地区调配，例如通过在线会议软件、公开课网络平台等将经济发达地区的优质课以直播或者录播的形式向经济欠发达地区的学校开放。第三要考虑信息安全。教育数据，特别是义务教育阶段学生的个人信息数据和学习过程数据应当纳入较高的信息保密级别。因此，大规模的教育平台网络，特别是融合了具有信息互动和整合功能的 Web 3.0 技术的平台，要充分考虑如何保障用户的信息安全。

总之，机遇与挑战并存，只有迎难而上、迎难而变，我们才能把握未来。

外语教师的教学实践与研究紧密依存、相互促进。一方面，教学实践是研究的源泉。教师在课堂上的直接经验是宝贵的研究资源库，能够帮助我们揭示外语教学的规律。另一方面，教学研究推动教学实践进步。教师通过研究自己的教学实践，能够加深对教学规律的理解，进而改进教学实践。此外，教学研究也推动教师发展。当教师成长为研究者时，他们能够基于自己的研究发现，而不是仅仅依赖外部专家或政策制定者的建议做出教学决策。这种自主性能够激发教师的创新精神，鼓励他们开发新的教学方法。本章将以任务研究为例详细介绍课堂教学研究的方法，依托 Ellis(2012)的研究分类框架，分正式研究(formal research)和实践者研究(practitioner research)展开介绍。其中正式研究包括描述性研究(descriptive research)和实验研究(experimental research)，实践者研究包括行动研究(action research)和探索性实践(exploratory practice)。笔者将逐一介绍每类研究的定义、特征和操作方式，并提供课堂教学任务研究的范例加以说明。

7.1　正式研究

正式研究，又称正式课堂教学研究，其出发点可以是理论问题，也可以是教学问题。通常正式研究指向的问题既有理论意义也有教学意义。开展这类研究的人可以是一线教师，也可以是外部研究者，如研究生、专职研究员等。正式课堂教学研究的成果一般以原创性研究论文(original research article)的形式呈现。论文正文的结构通常包括引言、文献综述、研究方法、结果、讨论和结语。正式课堂教学研究的成果一般通过学术期刊发表、国际会议宣读、社交媒体推送等形式传播。

7.1.1　描述性研究

描述性研究旨在了解教学或学习的某个具体方面，提供最终可用于形成理论的信息(Ellis 2012)。这一类研究通常会涉及使用问卷、访谈、课堂观察、田野日志等工具。例如，如果某位新手教师想研究自己和优秀资深教师的课堂教学任务类型差异，以改进自身教学，就可以设计观察和分析课堂任务类型的量表，通过一定时长的课程观察，记录自己和资深教师在课堂上使用的任务类型，通过对比分析课堂观察数据，直观深入地剖析自己的课堂任务特征，进而有的放矢地提升自己设计和实施课堂教学任务的能力。

▶️ 研究案例：任务型语言教学中的教师信念和教师主导话语研究（朱彦，束定芳 2017）

本研究为作者开展的一项描述性研究，旨在深入分析小学英语教师在实施任务型语言教学时的教学信念和课堂话语。尽管 TBLT 在理论上具有明显优势，但在实际教学中的推广和实施却面临诸多挑战。研究表明，教师对 TBLT 的理解和执行是影响其实施效果的关键因素。

本文首先回顾了任务型教学的相关文献，包括对"任务"的定义、任务型教学与任务支持型教学的区别，以及任务型教学中课堂话语的特点。文献回顾发现，任务型教学的核心在于任务的教学功能，而任务支持型教学则更侧重于任务的展示功能。此外，研究者还基于文献回顾探讨了任务型教学中教师主导话语（teacher-led discourse, TLD）与学习者主导话语（learner-led discourse, LLD）的关系，以及它们对学习者语言发展的影响。

本研究旨在回答三个问题：（1）教师如何在课堂教学中实施任务型教学？（2）他们对任务型教学持有怎样的信念？（3）这些信念与他们的课堂教学实践之间存在怎样的关系？

本文的研究对象包括上海市某公办小学的外籍教师 Max 和中国教师 Tracy，他们在教学经验、国籍和教育背景上具有可比性。研究者通过课堂录像记录了他们的教学活动，并收集了相关的教学计划和材料。此外，研究者还通过叙事框架收集了教师关于任务型教学的信念数据。研究者对课堂观察数据进行了详细的转写和标注，包括对课堂活动的宏观编码和对教师主导话语的微观编码。通过对教学活动的时长和比例分析，以及对教师话语策略的归纳型编码，研究者揭示了两位教师在任务型教学实施中的特点和差异。研究者采用 NVivo(10.0)软件对教师信念质化数据采用归纳式编码进行分析，发掘数据中所显现的主题类属及其相互联系。

本研究发现，尽管 Max 和 Tracy 都尝试在教学中设计和使用任务，但他们的课堂整体模式更接近于任务支持型教学。Max 在教学中注重任务的教学功能，而 Tracy 则侧重于任务的展示功能。在课堂话语方面，Max 和 Tracy 都频繁使用先导型领读和触发型领读等话语策略，但 Max 在任务型活动中更擅长使用触发型领读，显示出更高的教学灵活性。此外，研究者还发现教师对任务型教学的信念直接影响了他们的教学行为。

这些结论强调了教师对任务型教学的深入理解对于有效实施该教学法的重要性。教师需要认识到任务本身的教学功能，并提升自身的语言水平和教学现场的应变能力。此外，研究还指出，为了推进课程改革，有必要开发和实施基于具体教师和学校特点的在职教师教育项目。

本研究为理解任务型语言教学在实际课堂中的实施提供了实证研究基础，并对教师教育和课程改革提出了建议。研究结果不仅揭示了教师在实施 TBLT 时面临的挑战，也为教育决策者和教师专业发展提供了有价值的见解。本研究的不足在于，虽然研究者提供了对任务型语言教学实施的深入分析，但其研究范围限定在两位教师的课堂实践，可能需要更广泛的样本来验证结论的普遍性。未来的研究可以扩大样本范围，进一步探讨不同教师、学校和文化背景下任务型教学的实施情况。

7.1.2　实验研究

实验研究指通过控制和操纵变量来测试因果关系的研究方法。在实验研究中,研究者观察一个或多个自变量对因变量的影响。外语教学领域的实验研究通常探究语言学习、教学方法、学习者特征以及教学环境等因素如何影响外语学习的效果。例如,如果某位教师想要探究开放式任务和闭合式任务对学生学习某个语法结构的效果,就可以设计一个课堂教学实验来探究任务类型这个自变量对学习效果这个因变量的影响。

设计和实施实验研究对研究者的专业能力要求较高,只有精心设计、严格实施的实验才能提供接近真实的答案,帮助我们了解外语教学的规律。通常开展实验研究需要考虑以下几个关键因素:(1)要有明确的研究问题;(2)需要明确定义研究中的关键概念(如动机、焦虑、学习策略等)并将其进行可操作化处理,以便于测量和操纵;(3)需要进行科学的实验设计,如采用随机对照实验,将学习者随机分配到实验组和对照组,以测试特定的教学方法或干预措施的效果;(4)需要努力控制或排除可能影响结果的外部变量,以便更准确地估计自变量对因变量的影响;(5)需要根据研究问题选用或开发数据收集的工具或材料,如测试、问卷、观察、录音或视频记录等;(6)需要通过统计方法对收集到的数据进行分析,如 T 检验、方差分析(ANOVA)等,以确定实验效果是否具有统计学意义;(7)需要通过因果推断确定不同变量之间的因果关系;(8)必须确保研究遵循伦理准则,避免对参与者造成不利影响。

▶ **研究案例:任务前显性教学对聚焦型任务表现的影响(Ellis, Li & Zhu 2019)**

本文为笔者合作开展的一项教学实验研究,探讨在语言任务前提供显性教学(explicit instruction, EI)对学习者语言产出的影响。在涉及任务型语言教学的讨论中,一个关键的争议点在于是否应在任务执行前对目标语法结构进行显性教学。一些学者认为,显性教学有助于学习者形成对目标结构的意识,另一些学者则认为这可能干扰学习者在任务中的自然语言使用。

本研究旨在回答以下问题:(1)任务前显性教学是否会增加目标结构的使用频率和准确性?(2)这种教学是否会对学习者在任务中的语言表现(包括复杂性、准确性和流畅度)产生负面影响?

本文的研究对象为 72 名中国江苏省某普通公办中学初中二年级的英语学习者,他们被随机分配到两个实验组:显性教学+任务组(EI+Task Group)和仅有任务组(Task-only Group)。授课教师在两个组的教学中均采用两个用来引导学生使用过去式被动语态的听写任务(dictogloss)。"EI+Task 组"的学生在任务前接受了关于被动语态的语法教学,而"Task-only 组"则直接完成任务,没有接受相关语法指导。研究者通过录音和转写学习者的任务语言产出,然后基于几个维度进行编码和分析,探究学生的总体任务表现(包括复杂性、准确性和流畅度),以及目标结构的使用频率和准确性。

研究结果显示,"EI+Task 组"在尝试使用过去式被动语态结构的频率上高于"Task-only 组",但在准确性上二者没有显著差异。此外,"EI+Task 组"在总体任务表现的复杂性、准确性和流畅度方面不如"Task-only 组"。研究结果表明,尽管任务前的显性教学能够提高学习者对目标结构的关注和尝试使用频率,但这种教学并没有提高学生使用目标结构的准确性,反而对语言产出的整体质量产生了负面影响。其中的原因可能是显性教学导致学习者在完成任务时过分关注形式,而忽视了语言的意义和交流功能。

本研究得出的结论支持了任务型教学中将显性语法教学置于任务之后的观点。研究者建议,如果要在任务执行前提供显性教学,应考虑将其融入任务实施过程中,例如在学习者遇到困难时提供即时的指导。

本研究的结果会受到学习者的语言水平和对目标结构的已有知识的影响。未来的研究需要探索显性教学对不同水平学习者或不同语法结构的影响,以及如何更有效地整合显性教学和任务型教学,以促进学习者的语言发展。本研究对任务型语言教学实践具有重要的启示作用,特别是在设计和实施语言教学活动时,教师需要仔细考虑何时以及如何引入显性教学,以确保学习者能够在完成任务的同时,自然地使用和发展语言能力。

7.2　实践者研究

实践者研究是教师出于对教学实践中某个问题的关注,在自己的课堂上根据行动研究原则(Burns 2009)或探索性实践原则(Allwright 2003)开展的研究。实践者研究的目的是使教师能够解决他们在教学中遇到的问题,或对外语教学质量的某些方面有更深入的了解。实践者研究的成果通常以实践者研究论文(practitioner research article)的形式呈现,正文的结构不同于原创性研究论文,更具灵活性。例如行动研究论文的正文可以包括引言、研究背景和问题、解决方案、研究发现、研究启示和结语;探索性实践论文的正文可以包括引言、教学创新背景、教学创新方案、反思和结语。除了正式研究的传播方式与途径之外,实践者研究也可以通过教研平台传播,如教学工作坊、教师教育讲座等。

相对于正式研究而言,不少一线教师可能不太熟悉实践者研究的发表渠道,以至于错误地认为实践者研究的发表渠道不多、收录实践者研究的期刊不够高端。但实际上,国内有不少发表基础教育阶段实践者研究的核心期刊,如《中小学外语教学》《中小学英语教学与研究》等;许多高水平外语教学类国际期刊也提供实践者研究的发表机会,例如 *TESOL Quarterly*、*Language Teaching Research*、*System*、*RELC Journal*、*Language Teaching for Young Learners* 等期刊都有专门的栏目收录实践者研究。表 7.1 详细列出了部分国际期刊中实践者研究栏目的开设情况和投稿要求,供读者参考。

表 7.1　设立实践者研究栏目的部分国际期刊

期刊名/栏目名	投稿要求/字数要求
TESOL Quarterly/ Teaching issues	稿件选题应包括语言教育政策的解释和颁布、语言或语言学习的各个方面,以及语言学习者和(或)教师发展相关的教学意义。作者须在文章中清晰阐述"理论—研究—实践"之间的联系,将研究置于一个强有力的理论或概念框架中,并反映当前的学术研究和该领域的迫切需求。/英文 3 400 词。

期刊名/栏目名	投稿要求/字数要求
Language Teaching Research/Practitioner research	稿件应为语言教育实践者撰写的有关自身实践的研究论文,作者分享他们在实践者研究中的发现和见解,以及该研究在教学的实践运用。/英文 8 000 词。
RELC Journal/Innovations in practice	稿件应包括以下内容: (1) 教学背景:简短描述发生创新实践的机构和场景,包括课程信息、课程目标、学习者概况等信息。 (2) 创新原因:解释是什么促使实践发生了变化,例如,该创新试图解决什么问题? 它如何得到相关理论或研究的支持? (3) 创新描述:描述创新及其效果。 (4) 反思:反思并批判性地评价创新及其可借鉴之处。 (5) 未来的教学方向:讨论今后可以采取哪些不同的做法来改进创新实践和(或)克服任何潜在的或已经发现的挑战。 /英文 3 000 词。
System/Partnership research	稿件结构可以相对灵活,稿件内容应遵循以下要求: (1) 作者团队中既有语言实践者也有语言教学研究者。 (2) 明确说明开展研究的合作关系。 (3) 通过借鉴现有的相关研究成果展示研究的学术基础。 (4) 研究设计、研究方法、数据收集和数据分析严谨。 (5) 得出与研究结果密切相关的明确的教学意义,并可在以后的语言课堂中应用。 /英文 8 000 词。
Innovation in Language Teaching and Learning/"Innovative practice" articles	稿件应报道教学、教材开发或其他学与教实践要素方面的创新,最好包含某种评估证据。/英文 4 000—5 000 词。
ELT Journal	稿件应介绍新方法、新技术、新教材、新教学大纲、新评估手段、新教师培训方法以及其他外语教育专业领域的经验。 /英文 3 500—4 000 词。
Language Teaching for Young Learners/Practitioner research articles	实践研究文章,报告教师在自己的课堂上对自己的教学开展的研究。/英文 4 000 词。

7.2.1　行动研究

　　行动研究是一种以教育教学实践为基础的研究方法,它使教师和教育工作者能够通过研究自己的教学实践来提高教学质量和学习效果。行动研究着重解决实际教学中的问题,提升教学策略并改进教育实践,通常遵循一个循环的过程,包括规划、行动、观察、反思和修订计划(Kemmis & McTaggart 1988)。例如,某位老师发现学生的英语课外阅读体验较差,于是计划在班上开展为期三个月的 DEAR(drop everything and read)阅读活动并在活动过程中通过观察和访谈评估学生课外阅读的体验,基于评估的结果对开展这一活动进行反思,进而提出优化活动的方案,这个过程就是行动研究。

▶▶ 研究案例: 基于任务评价的合作式教师教育行动研究(Zhu 2022)

本文为作者开展的教师教育者行动研究,探究合作式在职教师教育项目如何帮助教师在课堂中实施任务型教学。

尽管任务型教学的有效性已得到广泛认可,但在实际教学中,尤其是在中国,教师实施任务型教学仍面临诸多挑战,包括教师对任务型教学理念的误解、对传统考试的顾虑、课堂管理的调整和教学资源的限制,以及缺乏对教学过程的把控感等。因此,研究如何通过教师教育项目帮助教师克服这些障碍,具有重要的现实意义。

在本行动研究中,研究者与一位名叫 Lucille 的新手英语教师合作,设计并实施了两个循环的 TBLT 教学。研究过程包括了课程规划、实施、评估和反思四个阶段。在为期六周的教师教育项目中,研究者为 Lucille 提供了持续的专业支持,引导她对 TBLT 实践进行深入的反思和改进。研究者采用了四种类型的任务评估来促进教师的实践反思和教学改进,包括基于学习效果、学生反馈、学习产出和教研组反馈的任务评估,使用的评估工具包括词汇测试、学生问卷、任务活动单和课堂观察。通过这些评估,研究者能够收集关于任务有效性的多维度数据,为教师提供及时的反馈。教师教育和任务评估的流程如表7.2 所示。

表 7.2　任务评估流程

日　期	流程安排	参与者
第一周	TBLT 的讲座与阅读研讨会	研究者、Lucille 及其同事
	初步接触	研究者及 Lucille
第二周	第一轮任务型教学准备	研究者及 Lucille
	准备教学材料	Lucille 及研究者
	准备评估材料	研究者
第三周	前测1(对照班)	研究者
	第一轮任务型教学实践(班级1)	Lucille
	第一轮任务型教学听评课(班级1)	研究者、Lucille 及同事
	收集任务单(班级1)	研究者
	实施第一轮教学后测(班级1)	研究者

续　表

日　期	流程安排	参与者
第三周	收集学生问卷(班级 1)	研究者
	第一轮教研组会议	研究者、Lucille 及其同事
第四周	分析第一轮任务评估的结果	研究者及 Lucille
	第一轮教学反思	研究者及 Lucille
	第二轮任务型教学准备	研究者及 Lucille
	修改教学材料	Lucille 及研究者
第五周	第二轮任务型教学实践(班级 2)	Lucille
	第二轮任务型教学听评课(班级 2)	研究者、Lucille 及同事
	收集任务单(班级 2)	研究者
	实施第二轮教学后测(班级 2)	研究者
	收集学生问卷(班级 2)	研究者
	第二轮教研组会议	研究者、Lucille 及其同事
第六周	分析第二轮任务评估的结果	研究者及 Lucille
	第二轮教学反思	研究者及 Lucille

经过两轮实践,通过持续的专业发展支持和基于评估证据的教学反思,Lucille 在实施 TBLT 方面取得了显著进步。她能够更好地理解任务型教学的核心概念,更有信心地在课堂上使用真实、有意义的语言输入,并更有效地管理课堂活动。同时,学生对 TBLT 课程的反应也非常积极,他们认为这种教学方式比传统的语言课程更有吸引力。

本研究不仅为 TBLT 在中国小学课堂中的应用贡献了实证依据,也为教师教育和语言教学实践提供了经验和启示,说明通过行动研究和持续的专业支持,教师能够克服障碍,在提高教学质量和学生学习体验方面取得显著成效。本研究也说明为了确保 TBLT 的长期成功和可持续性,需要教育机构和政策制定者为教师提供更多的资源和支持。

尽管本研究在促进教师实施 TBLT 方面取得了成功,但也存在一些局限性。例如,由于时间限制,研究者未能使用学习者实际任务表现的数据进行响应式评估。此外,研究中的一些评估手段可能受到了生态效度和内部效度的影响。未来的研究需要考虑如何更有效地利用学生的任务表现数据,并在教师教育项目中解决任务评估的有效性和可靠性问题。

7.2.2 探索性实践

探索性实践是一种以教师和学生为中心的研究方法,旨在探索和理解在教学和学习过程中遇到的难题。在外语教育领域提出并倡导探索性实践的是著名学者 David Allwright,他强调将研究融入日常教学活动,通过教师对自己教学实践的深入探索来提高教学质量和学习效果。例如,当某位老师发现自己的学生对写作感到焦虑时,就可以通过探索性实践探究造成学生写作焦虑的原因,调整教学方式以降低学生的写作焦虑。探索性实践在外语教育中的应用有助于教师更深入地了解自己的教学风格、学生的学习需求和课堂动态,从而实现个性化和差异化教学。通过探索性实践,教师能够成为终身学习者,不断提升自己的专业素养和教学能力。

探索性实践有以下七个基本特征(Allwright & Hanks 2009):(1)关注课堂生活质量(Quality of Classroom Life,QoCL)这一基本问题;(2)教师应首先努力理解教学中出现的问题,而不是急于寻找解决方案;(3)所有课堂参与者,包括学生和教师,都应作为研究的合作者共同探索和理解课堂现象;(4)致力于将人们团结在一个共同的事业中;(5)相互合作,共同成就;(6)鼓励教师长期、持续地探索和反思教学实践;(7)将研究工具和活动整合到正常的教学实践中,避免研究成为教学的额外负担。

▶ **实践案例:基于 Web 2.0 技术来解决中国高中生课堂英语口语表达困难的问题 (Zhuo & Tang 2024)**

本文介绍如何通过探索性实践,基于 Web 2.0 技术来解决中国高中生课堂英语口语表达困难的问题。

本研究的背景是我国教育部在 2017 年发布了《普通高中英语课程标准》,启动了新一轮的课程改革。新课程标准旨在培养学生的四个核心素养:语言能力、文化意识、思维能力和学习能力。其中,语言能力特别强调在社会情境中通过听说读写视等多种方式理解和表达意义的能力。同时,课程标准也强调了现代信息技术在丰富英语学习资源和深入课堂教学中的应用。

尽管学生已达到欧洲共同语言框架 CEFR A2 水平,理论上应具备与英语使用者进行社交的能力,但教师发现学生在课堂上用英语交流时仍然存在困难。这一问题成为激发教师探索学生英语口语困难的原因。Web 2.0 技术不仅仅有助于信息的创造,也方便信息的共享。它为语言教学和学习提供了新的工具和平台,有助于提高学生的参与度和学习体验。

研究者以正常的课堂活动作为数据收集工具,探究学生英语口语表达困难的问题。研究分为六个步骤展开:第一步,学习文本和理解话语类型(第一周课内);第二步,组建小组(第一周课后);第三步,使用 Web 2.0 完成绘画任务(第一至第二周课外);第四步,准备在线分享(第一至第二周课外);第五步,在线分享(第二周课外);第六步,课堂呈现和自我评估(第三周课内)。

研究发现,通过探索性实践和 Web 2.0 的结合,学生的英语口语表达能力有了显著提高。学生通过在线收集信息、小组合作和创造性地展示他们的工作,用英语交流更加舒适,信心得到增强。此外,这种创新方法也提高了教学质量,改善了学习体验。

通过探索性实践,作者得出三点结论:第一,探索性实践通过创造真实的探究需求来增强学生的学习能力;第二,探索性实践通过提升课堂质量来提升师生的幸福感;第三,使用 Web 2.0 的探索性实践有助于适应学生的学习偏好,增强他们英语口语表达的信心。

这项研究表明基于 Web 2.0 的探索性实践作为一种可行的研究方案,能够深入探索语言课堂中的问题。它强调了将研究融入正常教学实践的重要性,并展示了如何通过创造性地利用现有技术和学生熟悉的社交媒体平台来促进语言学习。

尽管这项研究取得了成功,但也指出了未来研究需要考虑的问题。例如,在利用 Web 2.0 技术时需要教师在信息辨识等方面提供综合指导,以避免学生简单地复制粘贴信息。此外,在一个以考试为导向的教育系统中,应深度探寻如何持续实施探索性实践。

7.3　结语

本章结合课堂教学任务研究的案例,分别介绍了描述性研究、实验研究、行动研究和探索性实践的特征,以及如何开展这四类研究。我们可以看到,作为范例的四项研究具有两个突出的特征:一是紧扣课堂教学中的关键问题,具有突出的问题意识;二是紧密依托课堂教学,具有鲜明的实践特色。值得一提的是,两类实践者研究都属于教师友好型研究,是真正的"从课堂中来,到课堂中去"的研究,特别有生命力。同时,这两项实践者研究都是基于高校研究人员和一线教师密切合作,有助于弥合研究和实践的鸿沟,充分彰显合作的价值和魅力。

笔者在和一线教师沟通时发现不少老师有做研究的意愿,但是对开展课堂任务研究有畏难情绪,担心自己做不好。从本章介绍的四类研究可以看到,其实每一类研究或多或少都会有这样那样的缺憾。所以大可不必有压力,关键在于从改进教学的初衷出发,找准教学中的真问题,为自己的问题匹配合适的研究方法,认认真真地通过研究来探究问题的解决之道。以教学促进研究,以研究反哺教学,久而久之教书匠就能成长为独立、创新的教育者。

参考文献

程晓堂.任务型语言教学[M].北京：高等教育出版社,2004.

崔允漷.如何开展指向学科核心素养的大单元设计[J].北京教育（普教版）,2019a,（02）：11－15.

崔允漷.学科核心素养呼唤大单元教学设计[J].上海教育科研,2019b,（04）：1.

龚亚夫,罗少茜.任务型语言教学[M].北京：人民教育出版社,2006.

核心素养研究课题组.中国学生发展核心素养[J].中国教育学刊,2016,（10）：1－3.

教育部.义务教育英语课程标准：2011 年版[M].北京：北京师范大学出版社,2011.

教育部.普通高中英语课程标准：2017 年版[M].北京：人民教育出版社,2018.

教育部.高中英语课程标准[M].北京：北京师范大学出版社,2020.

教育部.义务教育阶段英语课程标准：2022 年版[M].北京：北京师范大学出版社,2022.

林崇德.中国学生发展核心素养：深入回答"立什么德、树什么人"[J].人民教育,2016,（19）：18－20.

邵朝友,周文叶,崔允漷.基于核心素养的课程标准研制：国际经验与启示[J].全球教育展望,2015,44（08）：16－24,32.

束定芳.外语课堂教学中的问题与若干研究课题[J].外语教学与研究,2014,46（03）：446－455.

束定芳,朱彦.高中英语（上外版）选择性必修第一册[M].上海：上海外语教育出版社,2021.

钟启泉.现代课程论：新版[M].上海：上海教育出版社,2015a.

钟启泉.单元设计：撬动课堂转型的一个支点[J].教育发展研究,2015b,35（24）：1－5.

周雪林.浅谈外语教材评估标准[J].外语界,1996,（02）：60－63.

朱彦,束定芳.任务型语言教学中的教师信念和教师主导话语研究[J].现代外语,2017,40（01）：125－136＋147.

庄智象,束定芳.世界经典英语课文选读·3 级（下）[M].上海：华东师范大学出版社,2021.

Allwright, D. 2003. Exploratory Practice：Rethinking practitioner research in language teaching. *Language Teaching Research* 7(2)，113－141.

Allwright, D. & Hanks, J. 2009. *The Developing Language Learner: An Introduction to Exploratory Practice*. Basingstoke：Palgrave Macmillan.

Anderson, J. R. 2020. The TATE model: A curriculum design framework for language teaching. *ELT Journal* 74(2): 175 – 184.

Anderson, J. R., Bothell, D., Byrne, M. D., Douglass, S., Lebiere, C. & Qin, Y. 2004. An integrated theory of the mind. *Psychological Review* 111: 1036.

Andringa, S., de Glopper, K. & Hacquebord, H. 2011. Effect of explicit and implicit instruction on free written response task performance. *Language Learning* 61(3): 868 – 903.

Bachman, L. 2002. Some reflections on task-based language performance assessment. *Language Testing* 19: 453 – 476.

Bahadorfar, M. & Omidvar, R. 2014. Technology in teaching speaking skill. *International Journal of Multidisciplinary Research Review* 2(4): 9 – 13.

Barik, H. C. & Swain, M. 1976. Primary-grade French immersion in a unilingual English-Canadian setting: The Toronto study through Grade 2. *Canadian Journal of Education/Revue canadienne de l'education* 1(1): 39 – 58.

Bergström, K., Klatte, M., Steinbrink, C. & Lachmann, T. 2016. First and second language acquisition in German children attending a kindergarten immersion program: A combined longitudinal and cross-sectional study. *Language Learning* 66(2): 386 – 418.

Black, P. & Wiliam, D. 2009. Developing the theory of formative assessment. *Educational Assessment, Evaluation and Accountability (formerly: Journal of Personnel Evaluation in Education)* 21(1): 5 – 31.

Blake, R. 2016. Technology and the four skills. *Language, Learning and Technology* 20(2): 129 – 142.

Breen, M. P. 1984. Process syllabuses for the language classroom. In Brumfit, C. J. (ed.). *General English Syllabus Design*. London: Pergamon Press & The British Council, 47 – 60.

Breen, M. P. 1987. Contemporary paradigms in syllabus design. Part I. *Language Teaching* 20(2): 81 – 92.

Breen, M. 1989. The evaluation cycle for language learning tasks. In R. Johnson (ed.), *The Second Language Curriculum*. Cambridge: Cambridge University Press, 187 – 206.

Brown, H. D. & Abeywickrama, P. 2010. *Language assessment: Principles and classroom practices*. White Plains, NY: Pearson Education.

Brumfit, C. J. 1981. II Notional syllabuses revisited: A response. *Applied Linguistics* 2(1): 90 – 92.

Brumfit, C. J. 1984. *General English Syllabus Design*. Oxford: Pergamon.

Bryfonski, L., & McKay, T. H. 2019. TBLT implementation and evaluation: A meta-analysis. *Language Teaching Research* 23(5): 603 – 632.

Bui, T. L. D. & Newton, J. 2021. PPP in action: Insights from primary EFL lessons in Vietnam. *Language Teaching for Young Learners* 3(1): 93 – 116.

Burgoon, J. 1994. Non-verbal signals. In Knapp, M. & Miller, G. (eds.). *Handbook of Interpersonal Communication*. London: Routledge, 344 – 393.

Burns, A. 2009. *Doing Action Research in English Language Teaching: A Guide for Practitioner* (*1st ed.*). London: Routledge.

Byrne, D. 1986. *Teaching Oral English*. Harlow: Longman.

Cambridge English Qualifications. *English Language Assessment*. https://www.cambridgeenglish.org/exams-and-tests/preliminary-for-schools/preparation

Candlin, C. N. 1984. Syllabus design as a critical process. In Brumfit, C. J. (ed.). *General English Syllabus Design*. London: Pergamon & The British Council, 29 – 46.

Carless, D. 2007. Learning-oriented assessment: Conceptual bases and practical implications. *Innovations in Education and Teaching International* 44(1): 57 – 66.

Carless, D. 2015. Exploring learning-oriented assessment processes. *Higher Education* 69(6): 963 – 976.

Chaney, C. 1992. Language development, metalinguistic skills, and print awareness in 3-year-old children. *Applied Psycholinguistics* 13(4): 485 – 514.

Chen, K. T. C. 2021. The effects of technology-mediated TBLT on enhancing the speaking abilities of university students in a collaborative EFL learning environment. *Applied Linguistics Review* 12(2): 331 – 352.

Colpin, M. & Gysen, S. 2006. Developing and introducing task-based language tests. In Van den Branden, K. (ed.). *Task-based Language Education: From Theory to Practice*. Cambridge: Cambridge University Press, 151 – 174.

Commonwealth of Austrilia. 2012. *Australian Core Skills Framework*. Canberra, Australia: Government of Australia.

Courtney, L. & Graham, S. 2019. "It's like having a test but in a fun way": Young learners' perceptions of a digital game-based assessment of early language learning. *Language Teaching for Young Learners* 1(2): 161 – 186.

Crookes, G. 1986. Task classification: A cross-disciplinary review (No. 4). Center for Second Language Classroom Research, Social Science Research Institute, University of Hawaii at Manoa.

de Vos, J. F., Schriefers, H., Nivard, M. G. & Lemhöfer, K. 2018. A meta-analysis and meta-regression of incidental second language word learning from spoken input. *Language Learning* 68(4): 906 – 941.

DeKeyser, R. M. 1995. Learning second language grammar rules: An experiment with a miniature linguistic system. *Studies in Second Language Acquisition* 17 (3): 379 – 410.

DeKeyser, R. 2007. *Practice in a Second Language: Perspectives from Applied Linguistics and Cognitive Psychology*. Cambridge: Cambridge University Press.

DeKeyser, R. M. 2009. Cognitive-psychological processes in second language learning. In Long, M. & Doughty, C. (eds.). *Handbook of Second Language Teaching*. Oxford: Blackwell, 119 – 138.

DeKeyser, R. M. 2010. Monitoring processes in Spanish as a second language during a study abroad program. *Foreign Language Annals* 43(1): 80 – 92.

Delcker, J. & Ifenthaler, D. 2020. Mobile game-based language assessment. *International Journal of Emerging Technologies in Learning* (*IJET*) 15(3): 195 – 206.

Elder, C. & Ellis, R. 2009. Implicit and explicit knowledge of an L2 and language proficiency. In Ellis, R., Loewen, S., Elder, C., Erlam, R., Philp, J. & Reinders, H. *Implicit and Explicit Knowledge in Second Language Learning, Testing and Teaching*. Bristol: Multilingual Matters, 167 – 193.

Ellis, N. C. 1994. *Implicit and Explicit Learning of Languages*. London: Academic Press.

Ellis, N. C. 2008. Implicit and explicit knowledge about language. *Encyclopedia of Language and Education* 6: 1 – 13.

Ellis, R. 1993. The structural syllabus and second language acquisition. *TESOL Quarterly* 27(1): 91 – 113.

Ellis, R. 2003. *Task-based Language Learning and Teaching*. Oxford: Oxford University Press.

Ellis, R. 2005. Measuring implicit and explicit knowledge of a second language: A psychometric study. *Studies in Second Language Acquisition* 27: 141 – 172.

Ellis, R. 2006. Modelling learning difficulty and second language proficiency: The differential contributions of implicit and explicit knowledge. *Applied Linguistics* 27(3): 431 – 463.

Ellis, R. 2012. *Language Teaching Research and Language Pedagogy*. New York: John Wiley & Sons. Ltd.

Ellis, R. 2017. Position paper: Moving task-based language teaching forward. *Language Teaching* 50(4): 507 – 526.

Ellis, R. 2019a. *Introducing Task-based Language Teaching*. Shanghai: Shanghai Foreign Language Education Press.

Ellis, R. 2019b. Towards a modular language curriculum for using tasks. *Language Teaching Research* 23(4): 454 – 475.

Ellis, R. & Shintani, N. 2013. *Exploring Language Pedagogy through Second Language Acquisition Research*. London: Routledge.

Ellis R., Li, S. & Zhu, Y. 2019. The effects of pre-task explicit instruction on the performance of a focused task. *System* 80: 38 – 47.

Ellis, R., Loewen, S. & Erlam, R. 2006. Implicit and explicit corrective feedback and the acquisition of L2 grammar. *Studies in Second Language Acquisition* 28(2): 339 – 368.

Estaire, S. & Zanón, J. 1994. *Planning Classwork: A Task-based Approach*. Oxford: Macmillan.

European Communities. 2006. *Key Competences for Lifelong Learning: European Reference Framework*. Luxembourg: Office for Official Publications of the European Communities [Online]. http://eur-lex. europa. eu/legalcontent/EN/ TXT/PDF/? uri=CELEX: 32006H0962&from=EN.

Feng, W. D. 2019. Infusing moral education into English language teaching: An ontogenetic analysis of social values in EFL textbooks in Hong Kong. *Discourse: Studies in the Cultural Politics of Education* 40(4): 458 – 473.

Finnish National Board of Education. 2014. *National Core Curriculum for Basic Education*. https://www. oph. fi/en/statistics-and-publications/publications/new-national-core-curriculum-basic-education-focus-school.

Fortune, T. W. & Tedick, D. J. 2015. Oral proficiency assessment of English-proficient K-8 Spanish immersion students. *The Modern Language Journal* 99(4): 637 – 655.

Fullan, M. 2014. *Teacher Development and Educational Change*. London: Routledge.

Gabrielatos, C. 2002. EFL writing: Product and process. *ERIC*, ED476839.

Gollin, J. 1998. Deductive *vs.* inductive language learning. *ELT Journal* 52(1): 88 – 89.

Golonka, E. M., Bowles, A. R., Frank, V. M., Richardson, D. L. & Freynik, S. 2014. Technologies for foreign language learning: A review of technology types and their effectiveness. *Computer Assisted Language Learning* 27(1): 70 – 105.

Gombert, J. E. 1992. *Metalinguistic Development*. Chicago, IL: University of Chicago Press.

González-Lloret, M. 2015. *A Practical Guide to Integrating Technology into Task-based Language Teaching*. Washington D.C.: Georgetown University Press.

González-Lloret, M. & Nielson, K. B. 2015. Evaluating TBLT: The case of a task-based Spanish program. *Language Teaching Research* 19: 525 – 549.

González-Lloret, M., & Ortega, L. 2014. Towards technology-mediated TBLT. *Technology-mediated TBLT: Researching technology and tasks* 6: 1 – 22.

Graham, S., Courtney, L., Tonkyn, A. & Marinis, T. 2016. Motivational trajectories for early language learning across the primary-secondary school transition. *British Educational Research Journal* 42(4): 682 – 702.

Gutiérrez, X. 2012. Implicit knowledge, explicit knowledge, and achievement in second language (L2) Spanish. *Canadian Journal of Applied Linguistics* 15(1): 20 – 41.

Gutiérrez, X. 2016. Analyzed knowledge, metalanguage, and second language proficiency. *System* 60: 42 - 54.

Han, Y. & Ellis, R. 1998. Implicit knowledge, explicit knowledge and general language proficiency. *Language Teaching Research* 2(1): 1 - 23.

Horst, M., Cobb, T. & Meara, P. 1998. Beyond a clockwork orange: Acquiring second language vocabulary through reading. *Reading in a Foreign Language* 11: 207 - 23.

Hubbard, P. 2017. Technologies for teaching and learning L2 listening. In Chapelle, C. & Sauro, S. (eds.). *The Handbook of Technology in Second Language Teaching and Learning*. Oxford: Wiley-Blackwell, 93 - 106.

Hulstijin, J. H. 2003. Incidental and intentional learning. In Doughty, C. J. & Long, M. H. (eds.), *The Handbook of Second Language Acquisition*. Oxford, England: Blackwell, 349 - 381.

Hulstijin, J. H. 2005. Theoretical and empirical issues in the study of implicit and explicit second-language learning: Introduction. *Studies in Second Language Acquisition* 27(2): 129 - 140.

Hutchinson, T. & Waters, A. 1987. *English for Specific Purposes: A Learning-centred Approach*. Cambridge: Cambridge University Press.

Hyland, K. 2015. *Teaching and Researching Writing: Third Edition (3rd ed.)*. London: Routledge.

Johnson, K. 2006. Revisiting Wilkins' notional syllabuses. *International Journal of Applied Linguistics* 16(3): 414 - 418.

Jones, N. & Saville, N. 2014. *Learning-oriented Assessment*. Cambridge: Cambridge English Discussion paper.

Kayalis, T. & Natsina, A. 2010. *Teaching Literature at a Distance: Open, Online and Blended Learning*. London: Continuum.

Kellerman, S. 1992. "I see what you mean": The role of kinesic behaviour in listening and implications for foreign and second language learning. *Applied Linguistics* 13: 239 - 258.

Kemmis, S., & McTaggart, R. (Eds.). 1988. *The Action Research Planner*. 3rd edition. Geelong, VIC: Deakin University Press.

Keppell, M. & Carless, D. 2006. Learning-oriented assessment: A technology-based case study. *Assessment in Education: Principles, Policy & Practice* 13(2): 179 - 191.

Krashen, S. D. 1981. *Second Language Acquisition and Second Language Learning*. Oxford: Oxford University Press.

Krashen, S. D. 1982. *Principles and Practice in Second Language Acquisition*. Englewood Cliffs, NJ: Prentice Hall.

Kumaravadivelu, B. 1994. The postmethod condition: Merging strategies for second/

foreign language teaching. *TESOL Quarterly* 28: 27 – 48.

Kumaravadivelu, B. 2001. Towards a postmethod pedagogy. *TESOL Quarterly* 35: 537 – 60.

Laurillard, D., Oliver, M., Wasson, B. & Hoppe, U. 2009. Implementing technology-enhanced learning. In Balacheff, N., Ludvigsen, S., de Jong, T., Lazonder, A. & Barnes, S. (eds.). *Technology-enhanced Learning: Principles and Products.* Berlin: Springer, 289 – 306.

Lea, M. R. & Street, B. V. 1998. Student writing in higher education: An academic literacies approach. *Studies in Higher Education* 23(2): 157 – 172.

Li, S., Ellis, R. & Zhu, Y. 2016a. Task-based versus task-supported language instruction: An experimental study. *Annual Review of Applied Linguistics* 36: 205 – 229.

Li, S., Zhu, Y. & Ellis, R. 2016b. The effects of the timing of corrective feedback on the acquisition of a new linguistic structure. *The Modern Language Journal* 100(1): 276 – 295.

Lillis, T. 2001. *Student Writing: Access, Regulation, Desire.* London: Routledge.

Long, M. H. 1983. Does second language instruction make a difference? A review of research. *TESOL Quarterly* 17(3): 359 – 382.

Long, M. H. 1985. A role for instruction in second language acquisition: Task-based language teaching. *Modelling and Assessing Second Language Acquisition* 18: 77 – 99.

Long, M. H. 1991. Focus on form: A design feature in language teaching methodology. In De Bot, K., Ginsberg, R. & Kramsch, C. (eds.). *Foreign Language Research in Cross-cultural Perspectives.* Amsterdam: John Benjamins, 39 – 52.

Long, M. H. 1996. The role of linguistic environment in second language acquisition. In Ritchie, W. & Bhatia, T. (eds.). *Handbook of Second Language Acquisition.* San Diego, CA: Academic Press, 413 – 468.

Long, M. H. 1997. Focus on form in task-based teaching. McGraw Hill. http://change.c4835149.myzen.co.uk/wp-content/uploads/2013/12/Focus-on-form-in-Task-Based teaching.pdf

Long, M. H. 2014. *Second Language Acquisition and Task-based Language Teaching.* Oxford: Wiley-Blackwell.

Long, M. H. & Crookes, G. 1992. Three approaches to task-based syllabus design. *TESOL Quarterly* 26(1): 27 – 56.

Mayora, C. 2006. Integrating multimedia technology in a high school EFL program. *English Teaching Forum* 44(3): 14 – 21.

McCowan, R. J. & McCowan, S. C. 1999. Item analysis for criterion referenced tests. Colorado Department of Human Services.

McKay, P. 2006. *Assessing Young Language Learners*. Cambridge: Cambridge University Press.

Ministry of Education Singapore. 2010. *21st Century Competencies*. https://www.moe. gov. sg/education/education-system/21st-century-competencies ♯ sthash. e5jRNK KU.dpuf.

Mitchell, H. Q. & Malkogianri. M. 2021. *Get Smart*. England: MM Publication.

Nation, I. S. P. 1990. *Teaching and Learning Vocabulary*. New York, NY: Newbury House.

Newmark, L. & Reibel, D. A. 1968. Necessity and sufficiency in language learning. *International Review of Applied Linguistics* 6: 145 – 164.

Norris, J. M. 2016. Current uses for task-based language assessment. *Annual Review of Applied Linguistics* 36: 230 – 244.

Nunan, D. 1989. *Designing Tasks for the Communicative Classroom*. Cambridge: Cambridge University Press.

Nunan, D. 1993. *Syllabus Design*. Oxford: Oxford University Press.

OECD. 2005. *The Definition and Selection of Competences , Executive Summary*. https://www.oecd.org/pisa/35070367.pdf

Padilla, A. M. , Fan, L. , Xu, X. & Silva, D. 2013. A Mandarin/English two-way immersion program: Language proficiency and academic achievement. *Foreign Language Annals* 46(4): 661 – 679.

Paradis, M. 2004. *A Neurolinguistic Theory of Bilingualism*. Amsterdam: John Benjamins.

Paradis, M. 2009. *Declarative and Procedural Determinants of Second Languages*. Amsterdam: John Benjamins.

Partnership for 21st Century Skills. 2019. *Framework for 21st Century Learning Definitions*. http://www.battelleforkids.org/networks/p21/frameworks-resources.

Paulston, C. B. 1981. III Notional syllabuses revisited: Some comments. *Applied Linguistics* , 2(1): 93 – 95.

Penny, U. 1999. *A Course in Language Teaching — Practice and Theory*. Cambridge: Cambridge University Press.

Pienemann, M. 1989. Is language teachable? *Applied Linguistics* , 10: 52 – 79.

Prabhu, N. S. 1987. *Second Language Pedagogy*. Oxford: Oxford University Press.

Ramirez-Verdugo, D. & Belmonte, I. A. 2007. Using digital stories to improve listening comprehension with Spanish young learners of English. *Language Learning & Technology* 11 (1): 87 – 101.

Rebuschat, P. 2013. Measuring implicit and explicit knowledge in second language research. *Language Learning* 63(3): 595 – 626.

Reinders, H. & Ellis, R. 2009. The effects of two types of input on intake and the acquisition of implicit and explicit knowledge. In Ellis, R., Loewen, S., Elder, C., Erlam, R., Philip, J. & Reinders, H. (eds.). *Implicit and Explicit Knowledge in Second Language Learning*, *Testing and Teaching*. Bristol: Multilingual Matters, 282 – 302.

Richards, J. C., Platt, J. & Platt, H. 2000. *Longman Dictionary of Language Teaching & Applied Linguistics*. Beijing: Foreign Language Teaching and Research Press.

Richards, J. C. & Schmidt, R. W. 2010. *Longman Dictionary of Language Teaching and Applied Linguistics*. London: Routledge.

Rizzuto, M. F. 1970. Experimental comparison of inductive and deductive methods of teaching concepts of language structure. *The Journal of Educational Research* 63(6): 269 – 273.

Rob, S. 2013. *Our World 3 (Second Edition) Student Book*. Stanford: Cengage.

Rodgers, D. M. 2015. Incidental language learning in foreign language content courses. *The Modern Language Journal* 99(1): 113 – 136.

Salamoura, A. & Unsworth, S. 2015. Learning-oriented assessment: Putting learning, teaching and assessment together. *Modern English Teacher* 24(3): 4 – 7.

Sam, C. 2005. Purposeful scaffolding: Beyond modelling and thinking aloud. http://conference.nie.edu.sg/paper/Converted%20Pdf/ab00655.pdf

Samuda, V. & Bygate, M. 2008. *Tasks in Second Language Learning*. Basingstoke: Palgrave Macmillan.

Saragi, T., Nation, P. & Meister, G. 1978. Vocabulary learning and reading. *System* 6: 72 – 80.

Saville, N. & Jones, N. 2019. *Learning-oriented Assessment — A Systemic Approach*. Beijing: Foreign Language Teaching and Research Press.

Schmidt, R. 1990. The role of consciousness in second language learning. *Applied Linguistics* 11: 129 – 158.

Schmidt, R. 1994. Deconstructing consciousness in search of useful definitions for applied linguistics. *AILA Review* 11: 11 – 26.

Schmidt, R. & Frota, S. 1986. Developing basic conversational ability in a second language: A case study of an adult learner of Portuguese. *Talking to Learn: Conversation in Second Language Acquisition* 237: 326.

Sharwood Smith, M. 1981. Consciousness-raising and second language acquisition theory. *Applied Linguistics* 2: 159 – 168.

Shehadeh, A. 2012. Task-based language assessment: Components, development, and implementation. In Coombe, C., Davidson, P., O'Sullivan, B. & Stoynoff, S. (eds.). *The Cambridge Guide to Second Language Assessment*. Cambridge, England: Cambridge University Press, 156 – 163.

Shintani, N. 2015. The effectiveness of processing instruction and production-based instruction on L2 grammar acquisition: A meta-analysis. *Applied Linguistics* 36(3): 306 – 325.

Shintani, N. 2016. *Input-based Tasks in Foreign Language Instruction for Young learners*. Amsterdam: John Benjamins.

Skehan, P. 1996. A framework for the implementation of task-based instruction. *Applied Linguistics* 17(1): 38 – 62.

Skinner, B. F. 1957. *Verbal Behavior*. New York: Appleton-Century-Crofts.

Smith, M. S. 1981. Consciousness-raising and the second language learner. *Applied Linguistics* 2(2): 159 – 168.

Spada, N., Jessop, L., Tomita, Y., Suzuki, W. & Valeo, A. 2014. Isolated and integrated form-focused instruction: Effects on different types of L2 knowledge. *Language Teaching Research* 18(4): 453 – 473.

Street, B. V. 1993. The new literacy studies, guest editorial. *Journal of Research in Reading* 16(2): 81 – 97.

Suzuki, Y., Nakata, T. & Dekeyser, R. 2019. Optimizing second language practice in the classroom: Perspectives from cognitive psychology. *The Modern Language Journal* 103(3): 551 – 561.

Swain, M. 1995. Three functions of output in second language learning. In Cook, G. & Seidlhofer, B. (eds.). *Principle and Practice in Applied Linguistics: Studies in Honor of H. G. Widdowson*. Oxford: Oxford University Press, 125 – 144.

Tammenga-Helmantel, M., Arends, E. & Canrinus, E. T. 2014. The effectiveness of deductive, inductive, implicit and incidental grammatical instruction in second language classrooms. *System* 45: 198 – 210.

Tsuji, H. & Doherty, M. J. 2014. Early development of metalinguistic awareness in Japanese: Evidence from pragmatic and phonological aspects of language. *First Language* 34(3): 273 – 290.

Tunmer, W. E. & Herriman, M. L. 1984. The development of metalinguistic awareness: A conceptual overview. In Tunmer, W., Pratt, C. & Herriman, M. (eds.). *Metalinguistic Awareness in Children*. New York, NY: Springer-Verlag, 12 – 35.

Valdman, A. 1982. Toward a modified structural syllabus. *Studies in Second Language Acquisition*, 5(1): 34 – 51.

Van den Branden, K. (ed.). 2006. *Task-based Language Education: From Theory to Practice*. Stuttgart: Ernst Klett Sprachen.

Van Gorp, K. 2021. Designing a classroom-based task-based language assessment framework for primary schools: Blurring the lines between teaching, learning and assessment. In Long, M. H. & Ahmadian, M. J. (eds.). *The Cambridge*

Handbook of Task-based Language Teaching. Cambridge: Cambridge University Press, 585 – 602.

VanPatten, B. 1993. Grammar teaching for the acquisition-rich classroom. *Foreign Language Annals* 26(4): 435 – 450.

VanPatten, B. 1996. *Input Processing and Grammar Instruction: Theory and Research*. Norwood, NJ: Ablex.

VanPatten, B. 2002. Processing the content of input-processing and processing instruction research: A response to Dekeyser, Salaberry, Robinson, and Harrington. *Language Learning* 52(4): 825 – 831.

VanPatten, B. & Cadierno, T. 1993. Input processing and second language acquisition: A role for instruction. *The Modern Language Journal* 77(1): 45 – 57.

Velociraptor. Britannica kids. https://Kids.britamica.com/kids/article/Velociraptor/390096

Wagner, M. 2006. *Utilizing the Visual Channel: An Investigation of the Use of Video Texts on Tests of Second Language Listening Ability*. Unpublished doctoral dissertation. Teachers College, Columbia University, New York.

Walker, A. & G. White. 2013. *Technology Enhancing Language Learning: Connecting Theory and Practice*. Oxford: Oxford University Press.

White, R. 1988. *The ELT Curriculum: Design, Innovation and Management*. Oxford: Basil Blackwell.

White, R. & Arndt, V. 1991. *Process Writing*. London: Pearson Education.

Wilkins, D. A. 1972. Grammatical, situational and notional syllabuses. Presented at the international congress of applied linguistics (3rd, Copenhagen, Denmark).

Wilkins, D. A. 1974. Notional syllabuses and the concept of a minimum adequate grammar. In Corder, S. P. & Roulet, E. (eds.). *Linguistic Insights in Applied Linguistics*. Brussels: AIMAV. Paris: Didier, 119 – 128.

Wilkins, D. A. 1976. *Notional Syllabuses*. Oxford: Oxford University Press.

Williams, D. 1983. Developing criteria for textbooks evaluation. *ELT Journal* 37(3): 251 – 255.

Willis, D. 1990. *The Lexical Syllabus (Vol.30)*. London: Collins.

Willis, D. & Willis, J. 2007. *Doing Task-based Teaching*. Oxford: Oxford University Press.

Willis, J. & Willis, D. 1988. *Collins Cobuild English Course 2: Student's Book*. London: Collins.

Wood, D., Bruner, J. S. & Ross, G. 1976. The role of tutoring in problem solving. *Journal of Child Psychology and Psychiatry* 17(2): 69 – 100.

Zhu, Y. 2022. Implementing tasks in young learners' language classroom: A collaborative teacher education initiative through task evaluation. *Language Teaching Research*, 26(3): 530 – 551.

Zhu，Y. & Shu，D. 2017. The Haitong Project：Exploring a collaborative approach to implement TBLT in primary classrooms in China. *Language Teaching* 50（4）：579 – 585.

Zhuo，M. & Tang，H. 2024. Understanding Students' English-speaking Difficulties：An Exploratory Practice Approach with Web 2.0. *RELC Journal* 0(0).

　　我国著名的教育家叶圣陶先生曾经说过：教学有法，教无定法，贵在得法。这句话放在外语教学领域可以这样理解：外语教学是有规律可循的，但不能墨守成规，亦步亦趋，关键在于根据教学实际探索出一套行之有效的方法。教师对语言教学规律的理解和实践直接反映在其课堂活动的设计与实施上。

　　在我国基础教育阶段的外语课堂活动设计与实施上，一直存在两个比较怪的现象，而且这两个现象由来已久，似乎见怪不怪了。一个怪现象是跟着意见领袖走，平时上课"教研员或者备课组长让我怎么教我就怎么教"，或者"大家怎么教我就怎么教"，一旦需要教学展示的时候就"专家说要怎么教我就怎么教"。另一个怪现象是跟着风向走，对教学方式的追捧有如追赶时尚潮流，一段时间某种活动设计被捧上神坛，教师们趋之若鹜；再过一段时间风向变了，这种活动设计很快就变得无人问津，门可罗雀。

　　如果深挖这两大怪现象背后的原因，一方面是我们在教育决策和教师教育的环节对外语教学理论及其实证研究，尤其是对直接与课堂教学相关的实证研究参考不够；另一方面是我国的外语教学理论和实证研究还不够扎实深入，尤其是基于中国基础阶段外语课堂的高质量实证研究不足，未能对教育决策和教师教育形成强有力支撑。正如束定芳教授所指出的，"我国英语课堂教学的研究总体呈上升趋势，但从很多文章研究的内容和相关度看，外语教学理论研究与实际的课堂教学需求相去甚远"（2014：447）。一线外语教师如果得不到理论或实证的有效指导，跟着意见领袖走或者跟风走也就不足为奇了。

　　"交际型任务"在中国环境中的实施就是这方面的一个典型例子。我国教育部《义务教育英语课程标准(2011年版)》中明确指出"教师要通过创设接近实际生活的各种语境,采用循序渐进的语言实践活动,以及各种强调过程与结果并重的教学途径与方法,如任务型语言教学途径等,培养学生用英语做事情的能力"(教育部2011:26—27)。自从《义务教育英语课程标准(2011年版)》颁布之后,我们不论是观摩各类教学展示,还是翻看各类教材和教辅资料,都会看到很多冠之以"任务"的活动,但是其中不少活动严格意义上来说其实并不能算作"任务"。

另一个例子是语言操练性的活动设计(practice),这类活动通常出现在"讲授—操练—产出(presentation, practice, production)"教法中,也就是我们经常听说的PPP教学模式。该模式于20世纪70年代中期起源于英国,这个提法最初出现在Donn Byrne所著的一本语言教师培训手册《英语口语教学》(*Teaching Oral English*),根据当时的提法,PPP教学模式通常包括三个阶段:

(1) 讲授阶段:教师是信息的提供者(informant)。

(2) 操练阶段:教师是指挥者(conductor)。

(3) 产出阶段:教师是引路人(guide)(Byrne 1986: 2)。

可以看出,PPP教学模式强调显性的讲解和控制型的操练,教师的主体地位比较突出。这种教学模式比较契合当时的教育环境中强调培养"双基",即"基础知识"和"基本技能"的导向,在《义务教育英语课程标准(2011年版)》颁布之前非常盛行。然而随着交际法的逐渐盛行,PPP模式中的操练类活动似乎变得不那么受欢迎了。

把两个例子放在一起来看,老师们不免要问:交际型任务和控制型操练的实际教学效果究竟孰优孰劣?虽然本项目立足于对课堂教学任务的研究和实践,但是绝不止步于任务。有效教学的课堂犹如精心搭配的营养餐,经验丰富的教师会根据食材和学生的特点调配出美味营养的餐食,"任务"仅是诸多菜肴中的一类。我们不能唯任务论,传统的课堂活动,如诵读、默写等也有其发挥作用的场景。在国际语言教育研究领域,虽然任务的支持者和研究者很多,有大量的实证研究支撑任务在课堂教学中的效果(Bryfonski & McKay 2019; González-Lloret & Nielson 2015; Shintani 2016; Li et al. 2016a 等),对PPP这类传统教学模式的研究也没有停止过(Suzuki et al. 2019; Bui & Newton 2021 等)。

　　《义务教育英语课程标准(2022年版)》中提出"秉持英语学习活动观组织和实施教学",并指出应采用学习理解、应用实践和迁移创新三类教学活动。笔者在和教研员、一线教师沟通的过程中发现有的教师十分纠结自己的一堂课有没有囊括这三种教学活动,特别是迁移创新类活动,有时因为一节课时间不够用,来不及迁移创新,感到十分苦恼。至于英语学习活动观的本质要求是什么,符合学习活动观的课堂活动设计和实施应该遵循哪些原则,与传统的课堂活动相比有效性体现在哪里,可能老师们并不是十分了解。

　　关键的问题在于,我们需要不断研究课堂教学中各类活动的实效性。虽然基于课堂的实证研究特别复杂且进展缓慢,开发研究工具、控制实验流程、数据分析、学术写作和发表等工作耗时耗力,但是基于严格实验获取的实证依据对于指导课堂教学实践意义深远。同时,对于教材编写和课堂教学等实践决策而言,只有实证依据是远远不够的,一线实践者的经验智慧也不可或缺(Ellis 2017)。只有在实证依据和经验依据足够充分的情况下,才能开展科学的教育决策并开展有效的教师培训。只有在知其然也知其所以然的前提下才能充分理解课堂教学活动设计的原则和依据,真正做到"教无定法,贵在得法"。

朱　彦

2024年3月于复旦大学外文楼